国家电网有限公司
服务新能源发展报告
2023

国家电网有限公司 编

中国电力出版社
CHINA ELECTRIC POWER PRESS

报告时间范围：

2022 年 1 月 1 日—12 月 31 日，部分内容超出上述范围。

报告数据说明：

新能源：指风能、太阳能、生物质能、地热能、潮汐能等非水可再生能源。

本报告中的新能源发电，主要指风电和太阳能发电。

报告数据主要来自国家电网有限公司统计系统，全国数据来自国家能源局、中国电力企业联合会。

序

2022 年是党和国家历史上极为重要的一年，举国关注、举世瞩目的中国共产党第二十次全国代表大会胜利召开，全面建设社会主义现代化国家新征程迈出坚实步伐。国家电网有限公司坚持以习近平新时代中国特色社会主义思想为指导，认真贯彻党中央、国务院决策部署，完整准确全面贯彻新发展理念，坚持稳中求进工作总基调，统筹发展和安全，统筹保供和转型，积极服务构建新发展格局和"双碳"目标，加快构建新型电力系统，持续助力新型能源体系建设，努力争当能源清洁低碳转型的推动者、先行者、引领者。

2022 年，国家电网经营区全年新增新能源装机容量超过 1 亿千瓦，创历史新高，累计装机容量达到 6.4 亿千瓦，占电源总装机容量的 32%，同比提升 2.9 个百分点；新能源发电量 9992 亿千瓦时，同比增长 23%，占总发电量比例达 15.0%，同比提高 2.2 个百分点；新能源利用率 97.3%，连续 4 年超过 95%。

发挥电网平台功能，增强配置能力。密切跟踪国家大型新能源基地和各省新能源规划建设情况，滚动开展消纳能力测算，服务新能源科学有序发展。加快配套电网工程建设，保障新能源项目"应并尽并、能并早并"。优化电网发展布局，累计建成"17 交 16 直"特高压工程，跨省跨区输电能力达到 2.6 亿千瓦，2022 年在运特高压直流通道累计输送电量 4813 亿千瓦时，同比增长 19%。

加快储能电站建设，提升调节能力。公司全年全面投运山东沂蒙、安徽金寨等 4 座抽水蓄能电站，开工建设浙江泰顺、江西奉新、湖南安化等 6 座抽水蓄能电站。国家电网经营区在运抽水蓄能电站装机容量 3431 万千瓦，在运新型储能电站装机容量 648 万千瓦，为电网安全稳定运行、新能源高效消纳提供坚实保障。

加强全网统一调度，深挖消纳潜力。充分发挥大电网优势，统筹安排电网运行方式，实施省间互济和备用共享，促进新能源"多发满发"。统筹各类发电资源，持续提升新能源功率预测精度，深入挖掘用户侧可调节资源，强化源网荷储协调互动，不断提高电力系统消纳新能源的能力。

扩大市场交易规模，拓展消纳空间。加快构建促进新能源消纳的电力市场机制，积极开展风电火电打捆外送交易、发电权交易、新能源优先替代等多种交易，推进电力现货市场建设，全年新能源市场化交易电量 3858 亿千瓦时。创新开展绿电绿证交易，全年结算绿电交易电量 152 亿千瓦时。

完善能源数字平台，提供便捷服务。在电力系统广泛应用"大云物移智链"等现代数字技术，推动电网向能源互联网转型升级。对全球规模最大的新能源云平台进行持续优化，为新能源场站规划建设、并网消纳、补贴申报等提供一站式服务，累计接入新能源场站 361 万座，服务上下游企业超过 1 万家。

2023 年，国家电网有限公司将更加紧密地团结在以习近平同志为核心的党中央周围，认真贯彻落实党的二十大精神，勇于担当作为、敢于开拓创新、善于攻坚克难，采取更加有力的措施，加快推动能源清洁低碳转型，为实现"双碳"目标贡献更大力量。

目录

新能源新增装机容量
1.04 亿千瓦

新能源累计装机容量
6.4 亿千瓦

新能源发电量
9992 亿千瓦时

新能源发电量占比
15.0 %

抽水蓄能电站发电量
384 亿千瓦时

主要成效

新能源利用率
97.3%

新能源市场化交易电量
3858 亿千瓦时

履责意愿

落实党的二十大要求 ▶▶▶

立足我国能源资源禀赋，坚持先立后破，有计划分步骤实施碳达峰行动。

推动能源清洁低碳高效利用，推进工业、建筑、交通等领域清洁低碳转型。

完善能源消耗总量和强度调控，重点控制化石能源消费，逐步转向碳排放总量和强度"双控"制度。

深入推进能源革命，加强煤炭清洁高效利用，加快规划建设新型能源体系，统筹水电开发和生态保护，积极安全有序发展核电，加强能源产供储销体系建设，确保能源安全。

"十四五"现代能源体系建设目标 ▶▶▶

能源保障更加安全有力。发电装机总容量达到约30亿千瓦，能源自主供给能力进一步增强。

能源低碳转型成效显著。非化石能源消费比重提高到20%左右，非化石能源发电量比重达到39%左右。

能源系统效率大幅提高。灵活调节电源占比达到24%左右，电力需求侧响应能力达到最大用电负荷的3%～5%。

创新发展能力显著增强。新能源技术水平持续提升，新型电力系统建设取得阶段性进展。

建设新能源供给消纳体系 ▶▶▶

以大型风光电基地为基础。

以周边清洁高效先进节能的煤电为支撑。

以稳定安全可靠的特高压输变电线路为载体。

电源并网

2022 年，国家电网有限公司全力促进新能源高质量发展，积极推进新能源大基地建设，服务分布式光伏规模化开发，保障新能源"应并尽并、能并早并"。国家电网经营区新能源新增装机容量超过 1 亿千瓦，累计装机容量 6.4 亿千瓦，占电源总装机容量的 32%，同比提高 2.9 个百分点；新能源发电量达到 9992 亿千瓦时，占总发电量比例达到 15.0%；新能源消纳持续保持较高水平，利用率达到 97.3%，已连续 4 年超过 95%。

服务新能源高质量发展

全力做好并网服务

优化完善新能源云平台

国家电网经营区
新能源新增装机容量

1.04亿千瓦

新能源发电量占比

15.0%

新能源利用率

97.3%

服务新能源高质量发展

全国新能源新增装机容量连续三年超过 1 亿千瓦

2022 年，我国新能源新增装机容量 1.3 亿千瓦，同比增加 2254 万千瓦，占新增电源装机容量的 63%。截至 2022 年年底，我国新能源装机容量 7.6 亿千瓦，占全国发电总装机容量的 29.6%，同比提高 2.9 个百分点。

我国新能源装机容量

7.6 亿千瓦

占全国总装机容量的

29.6%

2013—2022 年我国新能源发电装机容量及占比

累计装机容量（万千瓦）　占比

年份	累计装机容量（万千瓦）	占比
2013	9241	7.4%
2014	12143	8.8%
2015	17393	11.4%
2016	22398	13.7%
2017	29393	16.5%
2018	35860	18.9%
2019	41333	20.6%
2020	53496	24.3%
2021	63504	26.7%
2022	75805	29.6%

我国 2013、2022 年电源结构对比

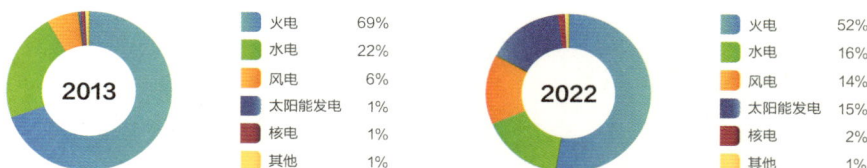

2013

电源	占比
火电	69%
水电	22%
风电	6%
太阳能发电	1%
核电	1%
其他	1%

2022

电源	占比
火电	52%
水电	16%
风电	14%
太阳能发电	15%
核电	2%
其他	1%

国家电网经营区新能源装机容量

6.4 亿千瓦

占全国的

84%

2022 年，国家电网经营区新能源新增装机容量 1.04 亿千瓦。截至 2022 年年底，新能源装机容量 6.4 亿千瓦，占全国新能源总装机容量的 84%。

2013—2022 年国家电网经营区新能源发电装机容量及占比

累计装机容量（万千瓦）　占比

年份	累计装机容量（万千瓦）	占比
2013	7388	7.7%
2014	9744	9.3%
2015	13874	12.0%
2016	18330	14.4%
2017	24396	17.7%
2018	29896	20.3%
2019	34636	22.2%
2020	44861	26.3%
2021	53561	29.1%
2022	63917	31.9%

分布式光伏是太阳能发电新增装机的主力

2022 年，我国太阳能发电新增装机容量 8741 万千瓦，同比增长 59%。其中，分布式光伏新增 5111 万千瓦，占太阳能发电新增装机容量的 58%。

截至 2022 年年底，太阳能发电装机容量 3.9 亿千瓦，同比增长 28%，占全国发电总装机容量的 15%。其中，分布式光伏装机容量达到 1.6 亿千瓦，占太阳能发电装机容量的 40%。

贴　士

山东、浙江、河北、河南、江苏、安徽 6 省分布式光伏发电累计装机容量超过 1000 万千瓦，分别为 3086、1926、1861、1704、1555、1090 万千瓦。

全国分布式光伏
新增装机容量

5111 万千瓦

占太阳能新增装机容量的

58%

2022 年，国家电网经营区太阳能发电新增装机容量 7319 万千瓦，同比增长 57%。截至 2022 年年底，太阳能发电装机容量达到 3.4 亿千瓦，占全国太阳能发电总装机容量的 86%。

国家电网经营区分布式光伏发电新增并网容量 4735 万千瓦，同比增加 72%。截至 2022 年年底，分布式光伏累计并网容量 1.5 亿千瓦，占全国分布式光伏并网容量的 93%。

国家电网经营区
分布式光伏装机容量

1.5 亿千瓦

2015—2022 年国家电网经营区集中式与分布式光伏发电累计和新增并网容量

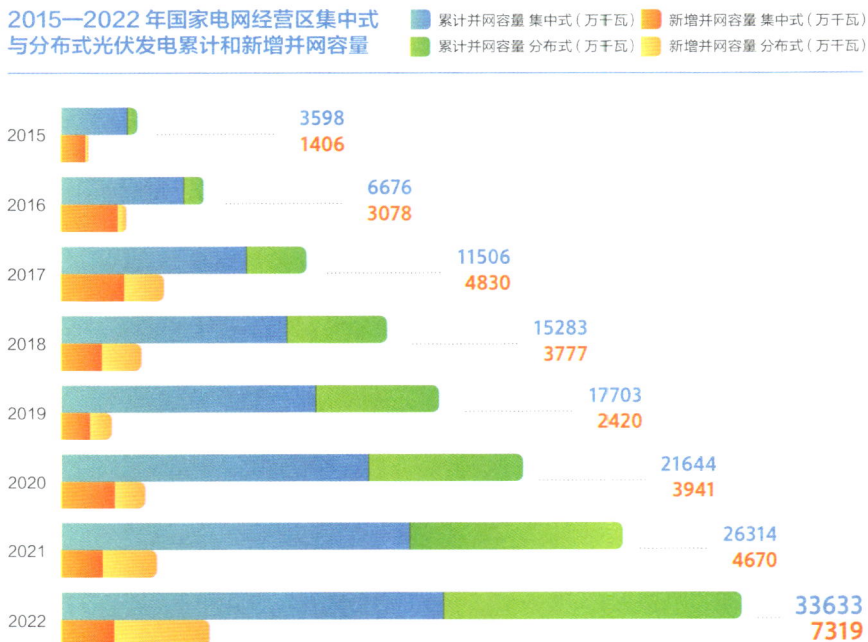

累计并网容量 集中式（万千瓦）　　新增并网容量 集中式（万千瓦）
累计并网容量 分布式（万千瓦）　　新增并网容量 分布式（万千瓦）

年份	累计并网容量	新增并网容量
2015	3598	1406
2016	6676	3078
2017	11506	4830
2018	15283	3777
2019	17703	2420
2020	21644	3941
2021	26314	4670
2022	33633	7319

风电并网装机容量达到 3.7 亿千瓦

2022 年，我国风电新增装机容量 3763 万千瓦，持续保持较快的发展势头。截至 2022 年年底，风电装机容量 3.7 亿千瓦，占全国总装机容量的 14%。其中，陆上风电 3.4 亿千瓦、海上风电 3046 万千瓦。

全国风电累计装机容量

3.7 亿千瓦

陆上风电
累计装机容量

3.4 亿千瓦

海上风电
累计装机容量

3046 万千瓦

2013—2022 年全国风电装机容量及占比   ■ 装机容量（万千瓦） ■ 新增装机容量（万千瓦） —•— 占比

年份	装机容量	新增装机容量	占比
2013	7652	1510	6.1%
2014	9657	2005	7.0%
2015	13075	3418	8.6%
2016	14747	1672	8.9%
2017	16400	1653	9.2%
2018	18427	2027	9.7%
2019	20915	2574	10.4%
2020	28153	7167	12.7%
2021	32848	4757	13.8%
2022	36544	3763	14.3%

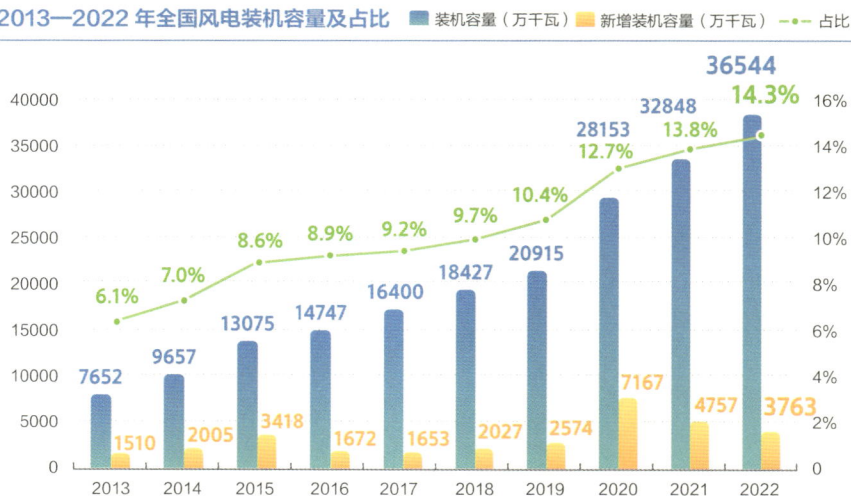

国家电网经营区风电
累计装机容量

3 亿千瓦

2022 年，国家电网经营区风电新增装机容量 3036 万千瓦。截至 2022 年年底，风电装机容量 3 亿千瓦，占全国风电总装机容量的 83%。其中，陆上风电 2.8 亿千瓦，海上风电 2255 万千瓦，分别占全国的 84% 和 74%。

集中式新能源新增装机主要在"三北"地区

2022 年,国家电网经营区"三北"地区集中式新能源新增装机容量 4472 万千瓦,占全部集中式新能源新增装机容量的 80%。截至 2022 年年底,国家电网经营区"三北"地区集中式新能源装机容量 4.9 亿千瓦,占全部集中式新能源装机容量的 70%。

2022 年国家电网经营区"三北"地区集中式新能源新增装机容量

4472 万千瓦

占比

80%

（单位：万千瓦）
0~250
250~500
500~750
750~1000
1000以上
未统计数据地区

2022 年集中式新能源新增装机分布

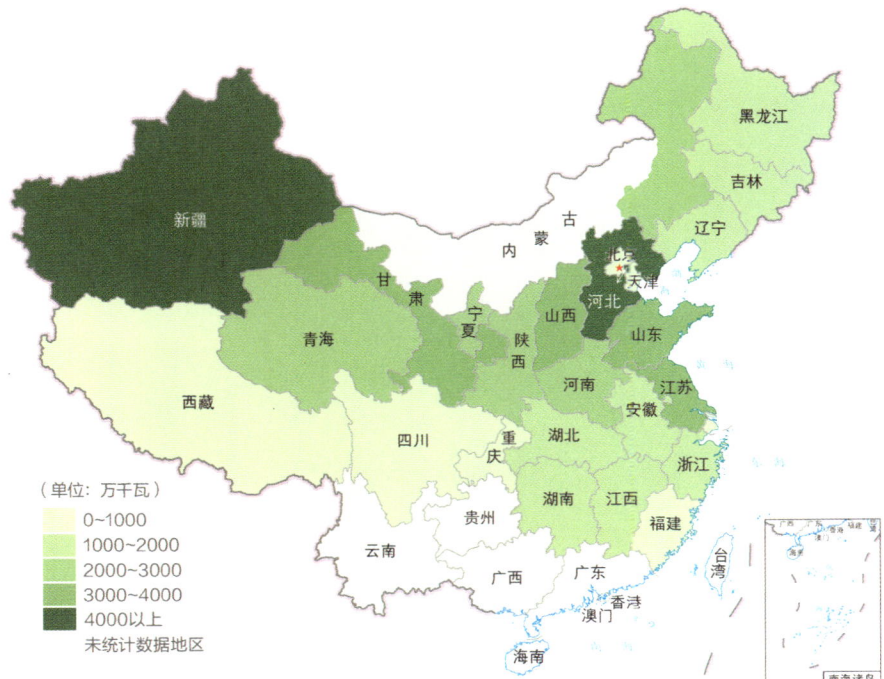

（单位：万千瓦）
0~1000
1000~2000
2000~3000
3000~4000
4000以上
未统计数据地区

集中式新能源累计装机分布

分布式新能源新增装机主要在"三华"地区

2022 年,国家电网经营区"三华"地区分布式新能源新增装机容量 4416 万千瓦,占全部分布式新能源新增装机容量的 93%。截至 2022 年年底,国家电网经营区"三华"地区分布式新能源装机容量 1.4 亿千瓦,占全部分布式新能源装机容量的 93%。

2022 年国家电网经营区"三华"地区分布式新能源新增装机容量

4416 万千瓦

占比

93%

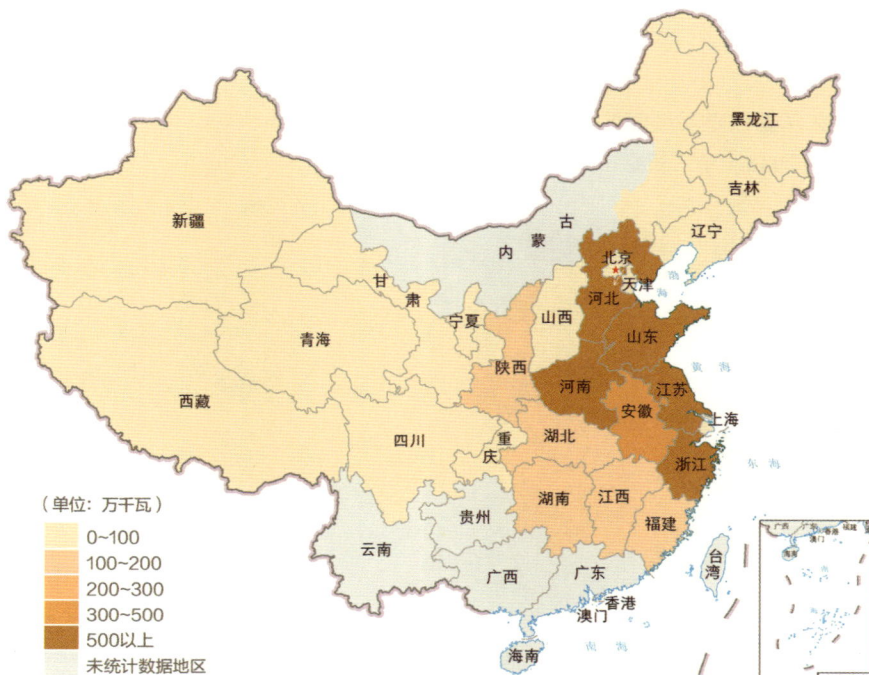

2022 年分布式新能源新增装机分布

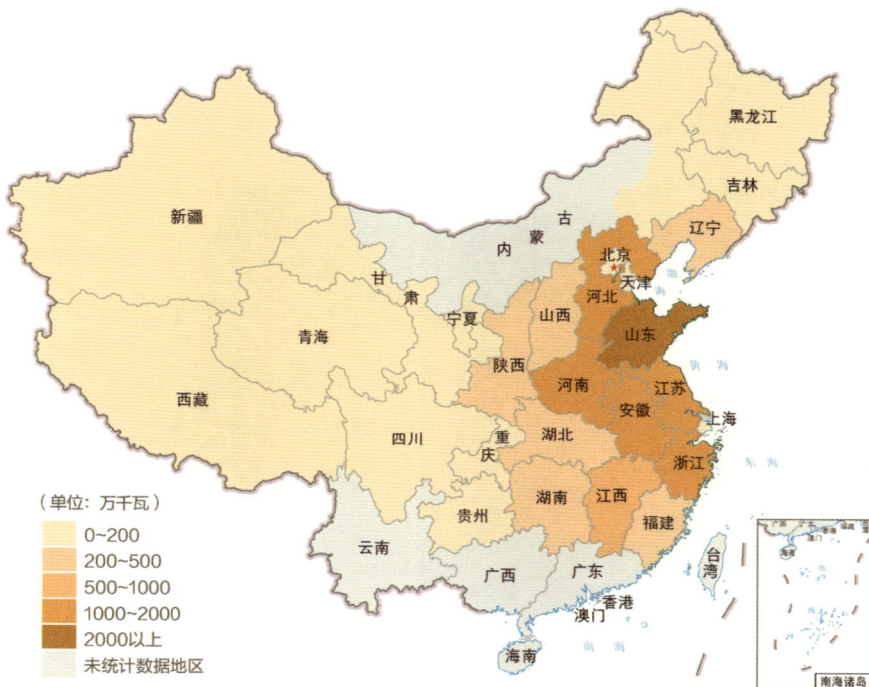

分布式新能源累计装机分布

新能源发电量首次突破 1 万亿千瓦时

2022 年，我国新能源发电量 1.2 万亿千瓦时，同比提高 21%，占总发电量的 13.7%，同比提高 2 个百分点。

2013—2022 年我国新能源发电量及占比

累计发电量（亿千瓦时） ——— 占比

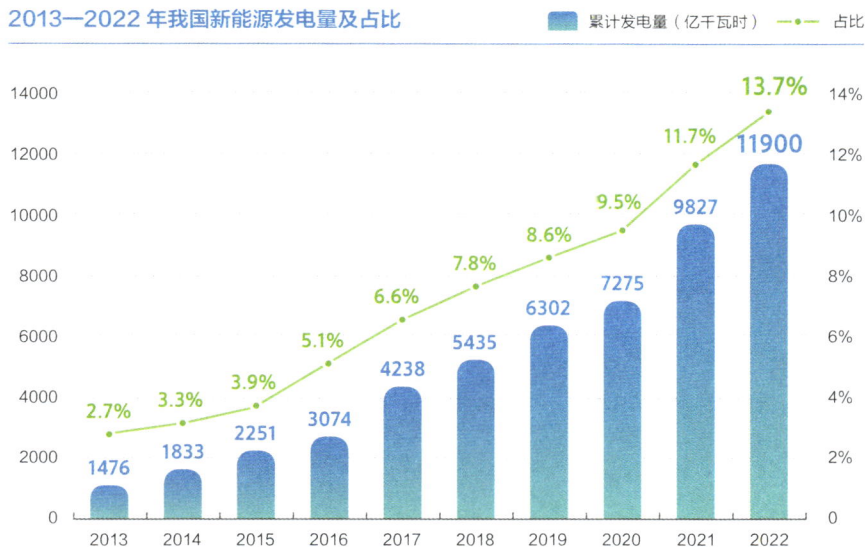

国家电网经营区新能源发电量 9992 亿千瓦时，同比提高 23%，占总发电量的 15.0%，同比提高 2.2 个百分点。

国家电网经营区新能源发电量

9992 亿千瓦时

占总发电量的

15.0%

2013—2022 年国家电网经营区新能源发电量及占比

累计发电量（亿千瓦时） ——— 占比

新能源利用率连续 4 年超过 95%

2022 年，国家电网经营区新能源利用率 97.3%，继续保持较高水平。

国家电网经营区新能源利用率

97.3%

2013—2022 年国家电网经营区新能源弃电量和利用率   ■ 新能源弃电量（亿千瓦时） --●-- 利用率

风电利用率超过 95% 的省区

24 个

太阳能发电利用率超过 95% 的省区

25 个

在新能源利用率整体保持较高水平的同时，7 个省区风电利用率出现下滑，11 个省区太阳能发电利用率出现下滑。

■ 利用率下滑地区
■ 未统计数据地区

2022 年风电利用率下滑地区分布

■ 利用率下滑地区
■ 未统计数据地区

2022 年太阳能发电利用率下滑地区分布

全力做好并网服务

促进"量率一体"协调发展

2022 年，国家电网有限公司持续开展风光资源评估、新增项目接网和消纳能力滚动测算论证工作，推动新能源"量""率"协调，服务新能源高质量发展。

专栏

国网冀北电力

逐年测算本地区新能源保障性并网规模和新能源合理利用率水平。开发冀北地区新能源"一张图"，初步摸清河北省风光资源开发潜力和布局，为后续新能源规划和开发创造条件。

国网四川电力

落实四川省"十四五"可再生能源发展规划要求，分析"十四五"逐年新能源汇集能力，提出新能源开发布局和时序建议，推动源网协调有序发展。

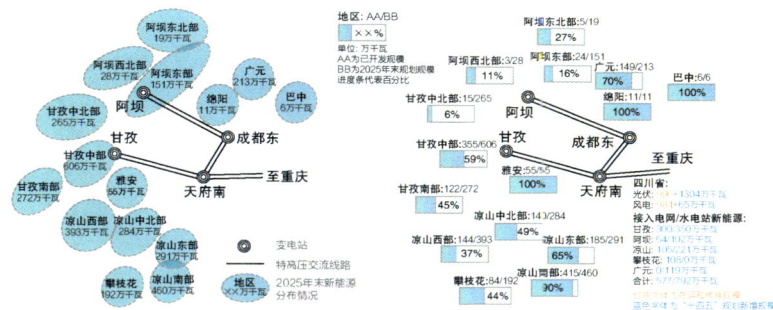

国网甘肃电力

优化政企协同新机制，常态化开展新能源利用率计算，明确新能源消纳空间，提出"十四五"新能源规划布局建议。推动省、市主管部门明确各批次项目建设时序及调节能力，助力新能源科学有序发展。

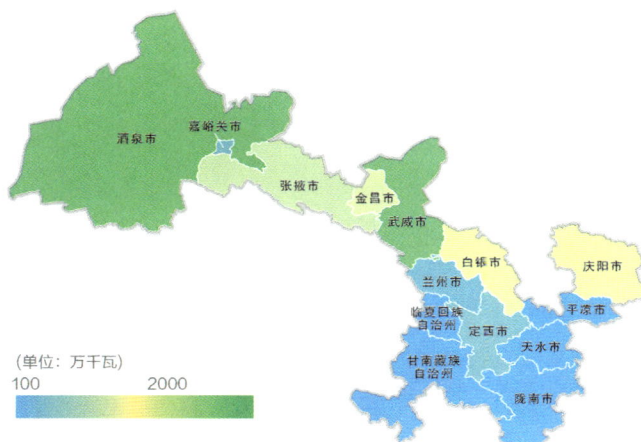

服务新能源 高效并网

完善电源接入和电网互联管理。国家电网有限公司贯彻落实国家《优化营商环境条例》《电网公平开放监管办法》等要求，印发《电源接入和电网互联前期工作管理意见》，推进新能源云等在线服务平台建设，实现前期工作管理的标准化、制度化和规范化。

专栏

《电源接入和电网互联前期工作管理意见》

2022 年 12 月 22 日，国家电网有限公司印发了《电源接入和电网互联前期工作管理意见》，积极支持、科学服务电源接入和电网互联工作。主要内容如下：

- 明确申请并网的电源和电网互联项目应满足的条件。

- 指出电源接入和电网互联工作遵循原则。

- 制定电源接入及电网互联管理的适用范围、并网意向受理、接入系统设计、接网工程可研与核准、接网协议签订与执行等相关规定。

相关技术标准规范要求

接入系统设计内容深度应符合电源接入系统设计规程等国家和行业技术标准、规范要求。对于分布式电源等符合国家要求建设的发电设施，除保证电网和设备安全运行的必要技术要求外，不得提出高于国家和行业技术标准、规范的要求。

调峰能力配置要求

对于市场化并网的可再生能源项目，应落实国家和地方政府关于调峰能力的配置要求。鼓励按照装机容量 15%~20%（根据国家相关政策适时调整）、时长 4 小时以上自建、合建或购买调峰能力。

电源接入工作原则

对于多能互补电源项目，可整体开展接入系统设计；对于整体打包备案的分布式电源项目，应统筹考虑项目建设地点、报装时序，统一或分别开展接入系统设计。

分布式电源接入系统设计方案应结合项目建设地点、电网条件和消纳方式等情况，根据相关技术标准和规范合理确定。

允许部分项目整体开展设计

合理确定分布式电源接入方案

电网互联工作原则

相关技术标准规范要求	电网互联系统设计内容深度应符合国家和行业技术标准、规范要求。对电网互联提出方符合国家要求建设的输配电设施，除保证电网和设备安全运行的必要技术要求外，不得提出高于国家和行业技术标准、规范的要求。
联网电压等级相关情况	地方电网、增量配电网原则上通过110（66）千伏及以下电压等级联网。如需通过220（330）千伏电压等级联网，应在保证双方电网安全高效运行的前提下，严格按照能源主管部门批准的电网发展规划、国家和行业技术标准与规范，深入开展联网方案论证。
微电网并网点数量	微电网并网应确保双方电网安全高效，原则上应通过单个并网点与公共电网联网。

电源接入

办理环节	办理主体	办理时限
并网意向受理	提交：电源项目业主 受理：电网企业	5个工作日（分布式电源2个工作日）书面告知结果（内容完整性和规范性）
接入系统设计方案受理、研究及回复	提交：电源项目业主 受理：电网企业 研究及回复：电网企业	（1）受理:5个工作日（分布式电源2个工作日），书面告知结果（内容完整性和规范性）。 （2）研究：接入系统设计方案受理后，5个工作日内会同电源项目业主协商确定有资质的咨询机构（针对常规电源和集中式新能源）。 （3）回复：针对常规电源和集中式新能源，咨询机构出具咨询意见或会议纪要后，5个工作日内书面回复。针对分布式电源，受理分布式电源接入系统设计方案后，10个工作日内书面回复
接网协议签订	电源项目业主和电网企业	30个工作日（分布式电源15个工作日）

电网互联

办理环节	办理主体	办理时限
联网意向受理	提交：互联提出方 受理：电网企业	5个工作日，书面告知结果（内容完整性和规范性）
电网互联系统设计方案编制、受理、研究及回复	提交：互联提出方 受理：电网企业 研究及回复：电网企业	（1）编制：联网意向通知书受理后，应于20个工作日内完成互联系统设计相关基础资料的相互提供。 （2）受理：5个工作日，书面告知结果（内容完整性和规范性）。 （3）研究：电网互联系统设计方案受理后，5个工作日内会同互联提出方协商确定有资质的咨询机构。 （4）回复：咨询机构出具咨询意见或会议纪要后，5个工作日内回复
互网协议签订	互联提出方和电网企业	30个工作日

专栏

国网甘肃电力

编制《电源项目接入电网前期工作关键环节及流程标准》，建立统一服务标准，实现了接网前期工作规范化、标准化开展。

一平台
新能源云平台

深化国家电网有限公司一级部署平台应用，强化数字化支撑。

一中心
电源服务中心

成立省级电源服务中心，打造对内对外一站式服务平台。

一窗口
电源服务窗口

设置线下服务窗口，实现线上线下服务融合。

一标准
《新能源项目接网全流程指导意见》

明确全流程服务标准，严格落实公平开放监管要求。

"四个一"
举措

"管理集约 – 服务融合"的新能源接网服务体系

国网山东电力

优化流程服务新能源高效规范并网，印发贯穿规划、建设、运行、营销等全流程的集中式、分布式可再生能源项目接网管理"两个细则"，接网工程规划、建设时间平均压缩 58 个工作日。印发《山东电网 110 千伏及以下集中式新能源并网服务指南》和《山东电网新能源场站运行服务手册》，提前开展新能源项目并网工作对接和指导，积极主动服务新能源场站及时并网。

国网冀北电力

修订并发布《新能源并网服务手册（2022 年版）》，优化并网管理流程，精简并网资料需求，推进新能源并网管理流程开发部署，实现并网服务"一站式"办理。推进新能源全生命周期信息管理系统上线部署，初步实现全部并网信息的智能查询、到期预警、自动校核、多维分析等功能，编制并印发《冀北电网新能源并网调试期运行管理办法》，加强调试期新能源项目运行合规性管理。

稳步推进大型基地建设

国家电网有限公司积极服务沙漠戈壁荒漠大型风电光伏基地建设，推动清洁能源大规模开发、高水平消纳。稳步推进第一批大型风电光伏基地项目接网工程建设，超前研究第二批、第三批大型风电光伏基地项目接网方案。

专栏

国网吉林电力

超前开展整体接网方案论证，积极推动新增的3项500千伏电网工程纳入国家规划，力争尽早开工，满足大型风光基地并网需求。

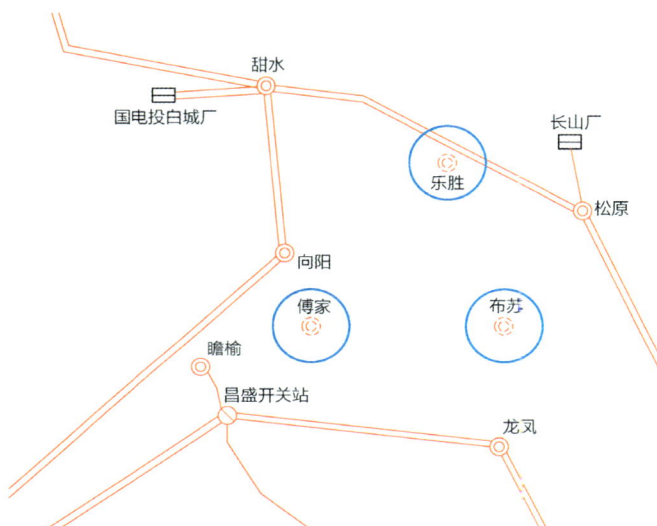

国网新疆电力

围绕第一、二批大型风光基地，完成《北疆乌鲁木齐100万千瓦风光项目送出规划方案研究》《疆电外送一通道250万千瓦、二通道500万千瓦增配新能源送出规划方案》，建立"随报随审随批"工作机制，加快推动项目落地。

国网宁夏电力

及时跟进国家第二批大型基地宁夏400万千瓦光伏项目前期进度，提前开展项目布局、接入系统、汇集送出等方案研究，服务新能源大基地科学有序发展。

积极服务分布式光伏规模化开发

积极服务分布式新能源规模化开发，按照"就地平衡、就近消纳"为主的实施路径，推动提高分布式光伏消纳和利用水平。

专栏

国网河北电力

积极争取政策支持，促请政府相关部门出台《屋顶分布式光伏建设指导规范（试行）》《河北省发展和改革委员会关于加强屋顶分布式光伏发电管理有关事项的通知》等政策文件，进一步规范光伏管理流程。

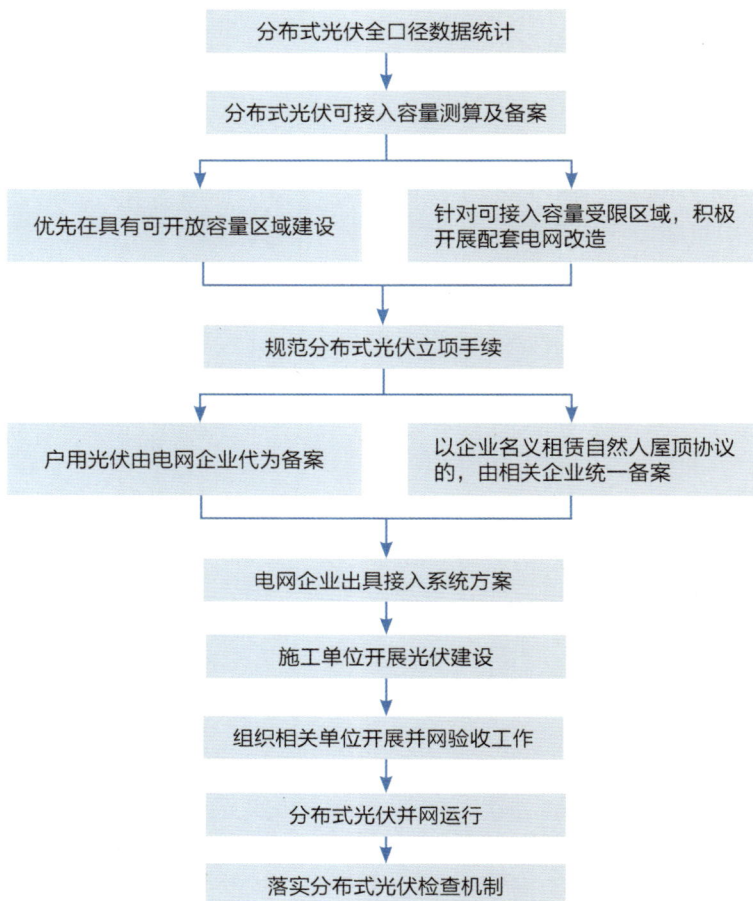

分布式光伏全口径数据统计
↓
分布式光伏可接入容量测算及备案
↓
优先在具有可开放容量区域建设 ／ 针对可接入容量受限区域，积极开展配套电网改造
↓
规范分布式光伏立项手续
↓
户用光伏由电网企业代为备案 ／ 以企业名义租赁自然人屋顶协议的，由相关企业统一备案
↓
电网企业出具接入系统方案
↓
施工单位开展光伏建设
↓
组织相关单位开展并网验收工作
↓
分布式光伏并网运行
↓
落实分布式光伏检查机制

国网山东电力

主动打造"四心工程"，提升分布式光伏规模化开发质效。推进重点区域电网建设，坚持"源网荷储"协同发展，力争"应接尽接"，践行"电网用心"；建立政企协同的可开放容量发布机制，做到"企业省心"；推动政府、开发企业、村民三方签订合同，约定责任义务，助力"村民放心"；明确规划建设时序，主动承接分布式光伏规模化开发规划，落实接网技术规范，服务"政府安心"。

专栏

国网上海电力

不断提升分布式光伏并网服务水平。推出居民光伏"专属经理"制，为居民光伏的接入、日常运维、政策解答等提供"一站式"全生命周期服务；组建非居民光伏"朋友圈"，建立业主和投资商联络群，主动告知客户上网电费、补贴发放结算，并提供业务咨询、故障保修等贴心服务；发布分布式光伏咨询小程序，主动推送政府政策，动态更新光伏知识库，智能回答客户的咨询问题。

国网河南电力

依据河南分布式电源发展规划，充分利用现有资源，统筹经济性、安全性、可行性等因素，根据各区域分布式电源的渗透率，提出差异化开发建议，服务屋顶光伏规划和有序开发。

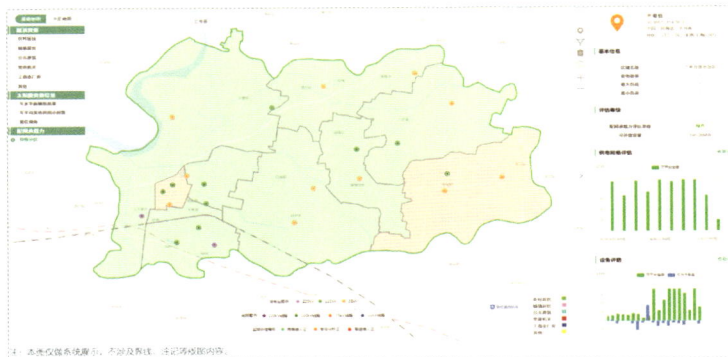

国网黑龙江电力

不断推进管理水平提升，印发《国网黑龙江省电力有限公司关于进一步规范分布式光伏发电项目并网服务及运营管理的通知》，主动对接地方政府、项目投资单位等相关方，科学引导分布式光伏建设布点，提升分布式光伏监测管理水平，定期开展配网侧隐患治理排查，配合光伏运维企业做好异常电站治理工作，确保分布式光伏电站安全可靠运行。

优化完善新能源云平台

接入新能源场站

361万座

服务各类企业超过

1万家

新能源云形成了"共创、共建、共享"价值创造体系，为广大用户提供全流程线上并网、补贴申报、消纳分析、建站选址、碳监测、碳金融等线上服务。已实现国家电网经营区全面部署应用，接入新能源场站 361 万座，服务各类企业超过 1 万家，在服务社会大众、促进新能源行业高质量发展等方面逐步发挥重要作用，得到了国家部委、行业协会和社会各界的普遍关注和高度认可。

服务补贴申报

按照国家财政部要求，为可再生能源补贴项目提供线上申报、审核、变更、公示、公布等一站式服务。2022年支撑国家电网经营区6821个合规项目公布。

支撑国家电网经营区

6821个

合规项目公布

服务电源接入

落实《电网公平开放监管办法》，将电源接入服务对象由新能源拓展至全口径电源。开发新能源项目"两库一清单"管理功能，支撑山东省能源局开展市场化并网项目申报组织和管理。开发储能运行监测模块，设计"一平台、三中心、九服务"总体架构，支撑能源主管部门开展储能电站监测管理。

构筑碳中和服务体系

开展新能源云碳中和支撑服务试点建设，坚持"一地创新、全域收益"原则，在国家电网总部，浙江、天津、山东、新疆等 13 省市推广应用，为工业降碳、绿色贷款、零碳园区、全民减碳等提供"一地一计"解决方案。

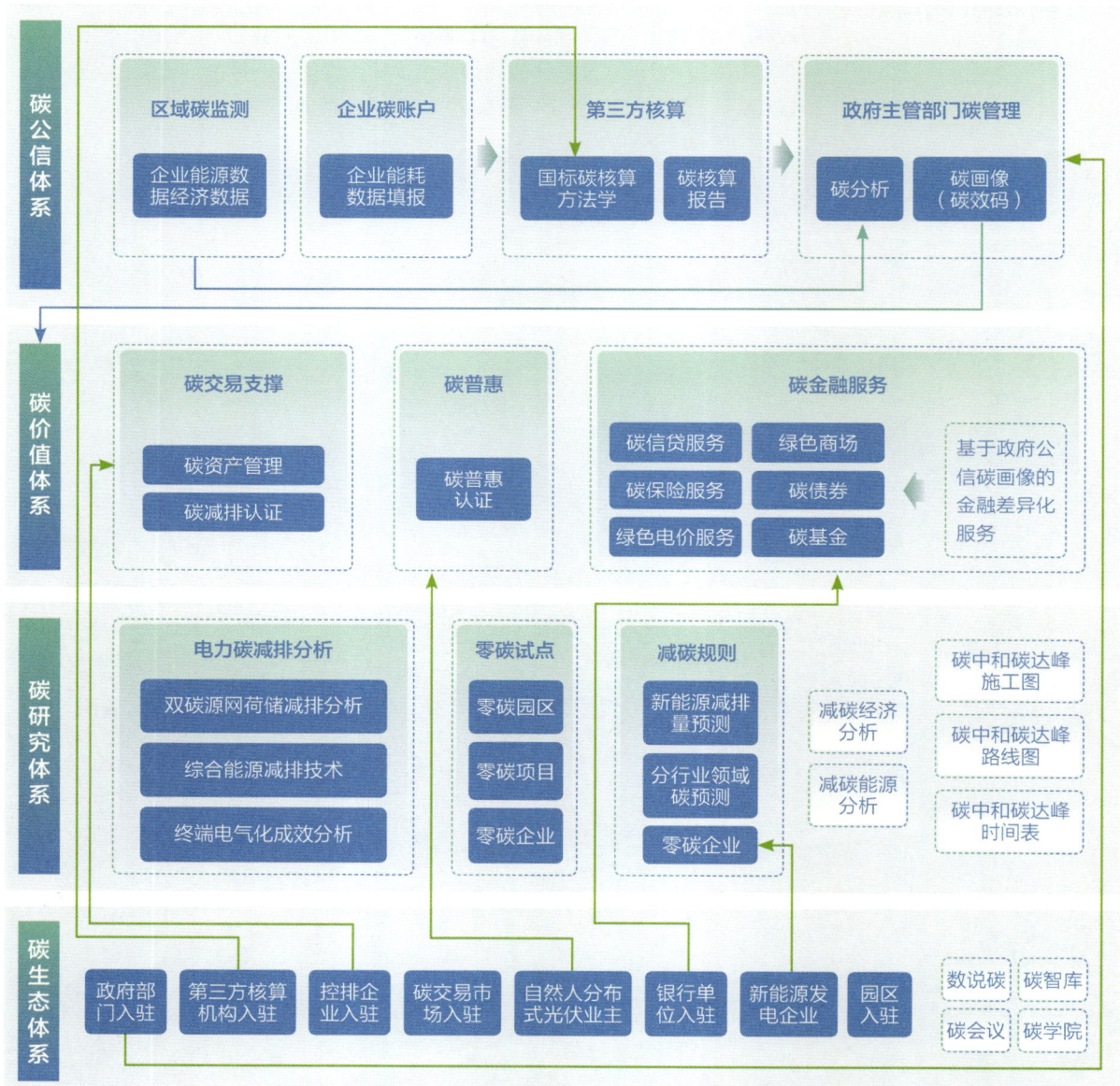

四大应用体系

碳公信体系

- 区域碳监测
  - 企业能源数据经济数据
- 企业碳账户
  - 企业能耗数据填报
- 第三方核算
  - 国标碳核算方法学
  - 碳核算报告
- 政府主管部门碳管理
  - 碳分析
  - 碳画像（碳效码）

碳价值体系

- 碳交易支撑
  - 碳资产管理
  - 碳减排认证
- 碳普惠
  - 碳普惠认证
- 碳金融服务
  - 碳信贷服务
  - 绿色商场
  - 碳保险服务
  - 碳债券
  - 绿色电价服务
  - 碳基金
  - 基于政府公信碳画像的金融差异化服务

碳研究体系

- 电力碳减排分析
  - 双碳源网荷储减排分析
  - 综合能源减排技术
  - 终端电气化成效分析
- 零碳试点
  - 零碳园区
  - 零碳项目
  - 零碳企业
- 减碳规则
  - 新能源减排量预测
  - 分行业领域碳预测
  - 零碳企业
  - 减碳经济分析
  - 减碳能源分析
- 碳中和碳达峰施工图
- 碳中和碳达峰路线图
- 碳中和碳达峰时间表

碳生态体系

- 政府部门入驻
- 第三方核算机构入驻
- 控排企业入驻
- 碳交易市场入驻
- 自然人分布式光伏业主
- 银行单位入驻
- 新能源发电企业
- 园区入驻
- 数说碳
- 碳智库
- 碳会议
- 碳学院

专栏

国网浙江电力

上线基于新能源云的工业碳平台，实施碳效能效、碳技改、绿色金融、绿色工厂、绿电交易等服务，累计为企业争取绿色金融贷款超 650 亿元。开展碳普惠创新应用，首创基于分布式光伏和户用光伏参与交易的区域碳普惠机制，覆盖浙江湖州 300 万居民用户，接入 2 万家居民分布式光伏。

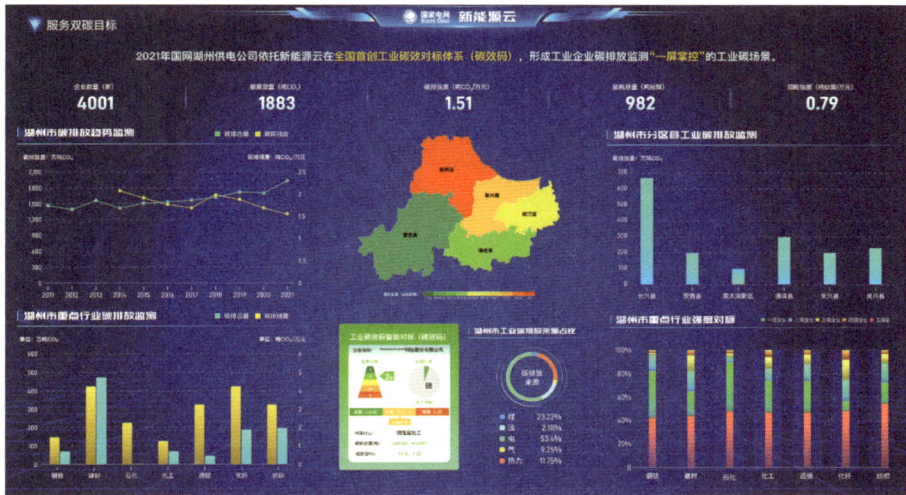

注：本图仅做系统展示，不涉及界线、注记等版图内容。

国网天津电力

依托全品类碳排放源活动数据，支撑服务多家园区碳排放动态监测，助力园区管理曰能耗"双控"向碳排放"双控"转变，为精细化碳管理提供典范经验。

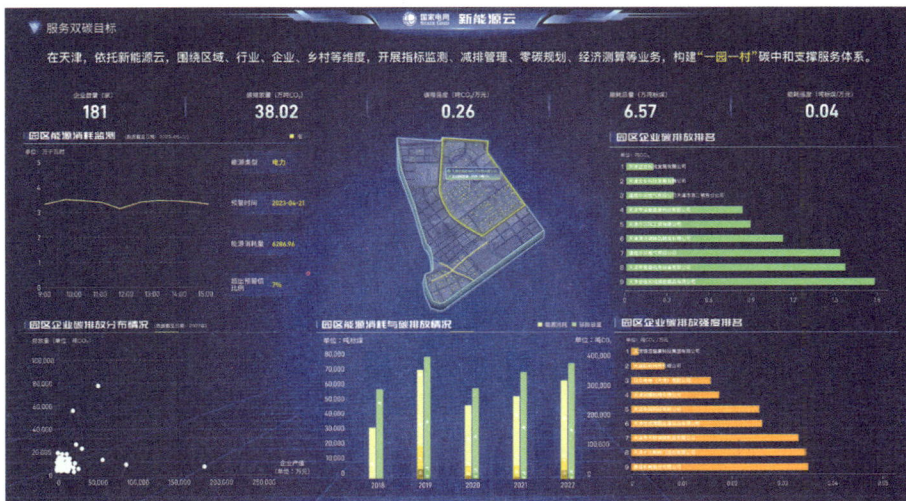

电网建设

2022年，国家电网有限公司持续加强新能源并网和送出工程建设，累计建成"17 交 16 直"特高压输电工程，新能源大范围资源优化配置能力进一步提升。加快推进储能建设，大力开展抽水蓄能项目开发建设，助力新型储能技术创新应用。积极探索新型电力系统实施路径，持续推进新型电力系统示范区建设。

推进电网工程建设

加快推进储能建设

持续开展新型电力系统示范区建设

建成特高压交直流
输电工程

4项

投运抽水蓄能电站

4座

推进电网工程建设

特高压交直流工程

2022 年国家电网有限公司建成特高压直流输电工程 2 项，交流输电工程 2 项，已累计建成 33 项特高压交直流输电工程，新能源大范围优化配置能力持续提高。

专栏

白鹤滩—江苏 ±800 千伏特高压直流工程

全球首个混合级联特高压直流工程。工程起点四川省凉山州，落点江苏省常熟市。额定输送容量 800 万千瓦，线路长度 2080 千米，工程投资 307 亿元。

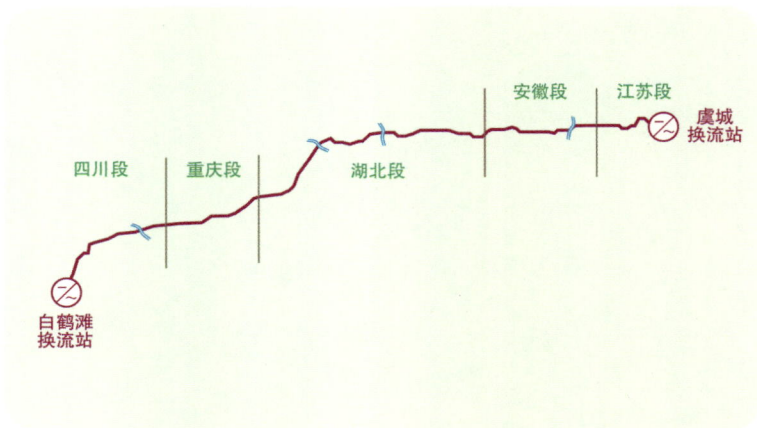

白鹤滩—江苏特高压直流工程概况图

白鹤滩—浙江 ±800 千伏特高压直流工程

工程起点四川省凉山州，落点浙江省杭州市。额定输送容量 800 万千瓦，线路长度 2121 千米，工程投资 299 亿元。

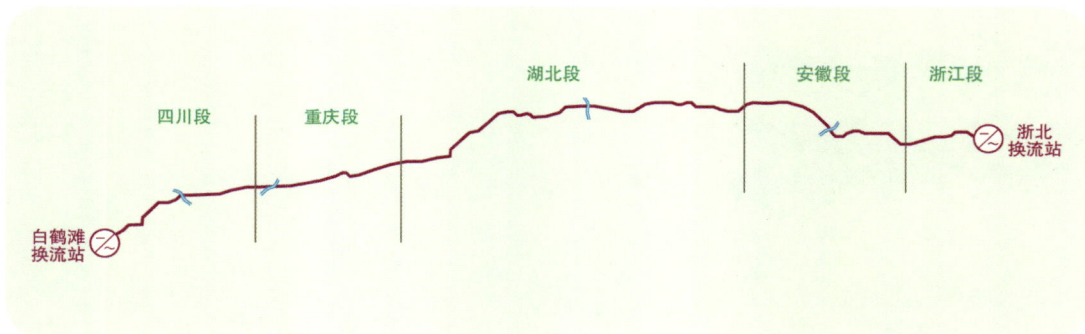

白鹤滩—浙江特高压直流工程概况图

南阳—荆门—长沙 1000 千伏特高压交流输变电工程

工程起点河南省南阳市,落点湖南省长沙市。额定输送容量 600 万千瓦,工程新建南阳—荆门线路 286 千米,新建荆门—长沙线路 2×340 千米,投资 84 亿元。

南阳—荆门—长沙特高压交流工程概况图

荆门—武汉 1000 千伏特高压交流输变电工程

工程起点湖北省荆门市,落点湖北省武汉市。额定输送容量 600 万千瓦,线路长度 2×234 千米,工程投资 64 亿元。

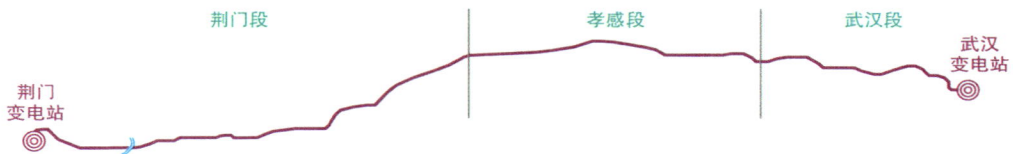

荆门—武汉特高压交流工程概况图

特高压利用效率不断提高

2022 年，特高压直流输电 4813 亿千瓦时，同比增长 19%。特高压直流平均利用小时数为 3986 小时，同比增长 236 小时。

特高压直流全年送电

4813 亿千瓦时

同比增长

19%

特高压直流利用小时数

3986 小时

同比增长

236 小时

部分特高压直流输电线路同比提升利用小时数　　■ 利用小时数（小时）

线路	利用小时数
锡泰直流	1384
雁淮直流	1068
吉泉直流	679
鲁固直流	617
灵绍直流	580
锦苏直流	567

建成投运一批省内重点输电通道

加大新能源配套工程投资力度，投运一批省内重点输变电工程，持续优化主网架结构，有效提升新能源接入和送出能力。

专栏

辽宁川州 500 千伏输变电工程

线路长度 188 千米，工程投资 12.5 亿元，提升新能源外送能力 250 万千瓦。

图例：
- 直流线路及换流站
- 500千伏线路及变电站
- 500千伏规划线路及变电站
- 火电厂
- 抽水蓄能电厂

专栏

山西大同新荣 500 千伏输变电工程

线路长度 192 千米，工程投资 6.7 亿元，提升新能源消纳能力 200 万千瓦。

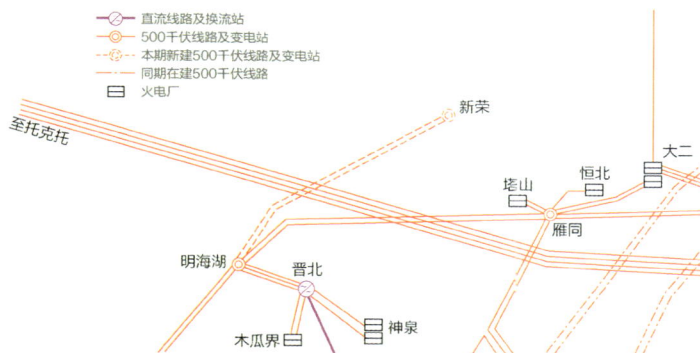

宁夏青山（北地）750 千伏输变电工程

线路长度 92.5 千米，工程投资 11 亿元，提升新能源外送能力 420 万千瓦。

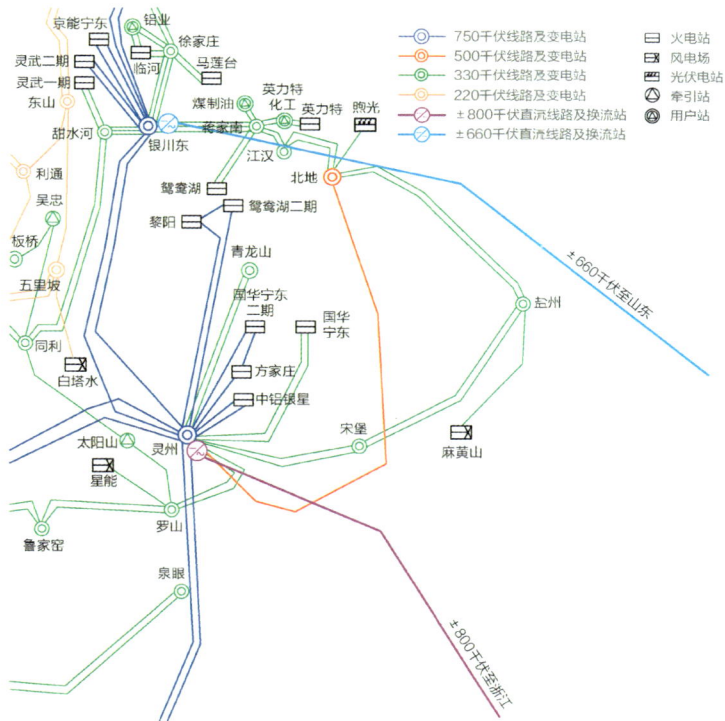

加快推进储能建设

**当好抽水蓄能
开发建设主力军**

2022 年，国家电网有限公司新经核准的抽水蓄能电站有 8 座，总装机容量 1400 万千瓦。全面投运山东沂蒙、吉林敦化、黑龙江荒沟、安徽金寨 4 座电站，部分投运河北丰宁电站 5 台机组，全年累计投运 15 台机组、总装机容量 455 万千瓦。

全面投运抽水蓄能电站

4 座

装机容量

455 万千瓦

截至 2022 年年底，国家电网有限公司在建抽水蓄能电站 32 座，装机容量 4443 万千瓦；在运电站 26 座，总装机容量 2806 万千瓦，占经营区抽水蓄能总装机容量的 82%。

图 例

● 公司所属在运项目

● 公司所属在建项目

专栏

山东沂蒙抽水蓄能电站全面投产

工程总装机容量 120 万千瓦，设计年发电量 20.08 亿千瓦时、年抽水电量 26.77 亿千瓦时。

山东沂蒙抽水蓄能电站下水库

吉林敦化抽水蓄能电站全面投产

在国内首次实现 700 米级超高水头抽水蓄能机组自主研发、设计与制造。工程总装机容量 140 万千瓦，设计年发电量 23.42 亿千瓦时、年抽水电量 31.23 亿千瓦时。

吉林敦化抽水蓄能电站下水库

黑龙江荒沟抽水蓄能电站机组全面投产

工程总装机容量 120 万千瓦，设计年发电量 18.36 亿千瓦时、年抽水电量 24.09 亿千瓦时。

黑龙江荒沟抽水蓄能电站下水库

助力新型储能建设

国家电网经营区新增
新型储能装机容量

436 万千瓦

国家电网经营区在运
新型储能电站装机容量

648 万千瓦

新型储能核准建设规模大幅增长。2022 年，国家电网经营区新增新型储能电站 212 个、装机容量 436 万千瓦，装机容量同比增长 590%。

截至 2022 年年底，国家电网经营区在运新型储能电站 366 个、装机容量 648 万千瓦。

新增电站主要分布在西北地区和华北地区，占比分别为 33.3% 和 30.9%。其中，山东、宁夏、湖南、青海和新疆装机容量分别为 155 万、90 万、61 万、51 万千瓦和 39 万千瓦。

2022 年国家电网经营区新型储能电站装机容量　　装机容量（万千瓦）

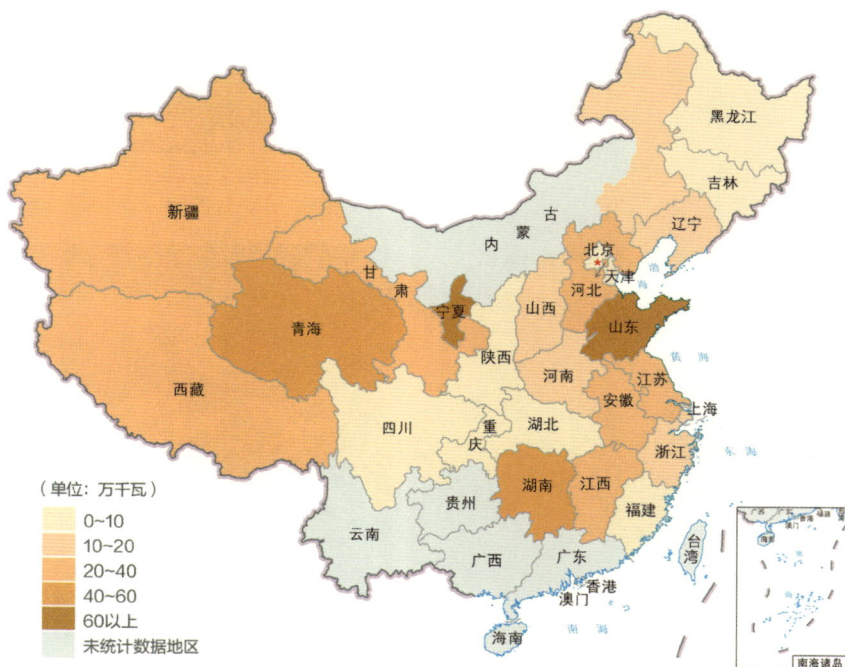

2022 年国家电网经营区新型储能电站装机分布图

国网宁夏电力持续推动新型储能规模化应用

推动自治区出台配建储能约束激励机制，并建立储能项目建设进度按月调度机制，印发《国网宁夏电力公司支持储能建设和运行的若干意见》等文件，支持储能有序建设和高效运行。推动 65 项 972.6 万千瓦储能完成备案，42 项 647 万千瓦完成接入方案评审，9 项 90 万千瓦建成并网，助力新型储能的规模化应用。

国网湖南电力加大新型储能政策支持力度，全力推进新型储能试点项目建设

支撑湖南省发展改革委出台《关于开展 2022 年新能源发电项目配置新型储能试点工作的通知》。推动新型储能首批试点项目建设，扩大新型储能投产规模。2022 年投产新型储能总计规模达到 43.5 万千瓦 /87 万千瓦时，其中衡阳耒阳电厂储能电站 20 万千瓦 /40 万千瓦时是湖南省已投运单站容量最大的电化学储能项目。

专栏

大连液流电池储能调峰电站

2022 年 10 月 30 日，全球功率最大、容量最大的液流电池储能调峰电站在辽宁大连正式并网发电，项目总规模为 20 万千瓦 /80 万千瓦时，本次并网的电站一期工程规模为 10 万千瓦 /40 万千瓦时。

张家口先进压缩空气储能国家示范项目

2022 年 9 月 30 日，国际首套百兆瓦先进压缩空气储能国家示范项目在河北张家口顺利并网发电，项目总规模为 10 万千瓦 /40 万千瓦时，是世界单机规模最大、效率最高的新型压缩空气储能电站。该项目每年可发电 1.32 亿千瓦时以上。

持续开展新型电力系统示范区建设

**福建新型电力
系统省级示范区**

国网福建电力围绕清洁能源优化配置、系统灵活调节能力建设、配−微网融合发展、市场机制建设 4 条任务主线，持续推进新型电力系统建设。建成闽越联网工程等一批重点工程。

闽粤电力联网工程

**浙江新型电力
系统省级示范区**

国网浙江电力围绕提升电网承载能力、提升系统调节能力、服务新能源消纳，在省域受端大电网、发展数字化转型、区域个性化突破三方面开展新型电力系统落地实践。

示范推进

示范层面

提升电网
承载能力

省域受端大电网示范
大受端电网动态平衡和主动支撑示范
从大电网安全承载、调节能力提升、服务新能源消纳
角度出发，系统性解决外来电和新能源不确定性问题

提升系统
调节能力

发展数字化转型示范
◆ 国网新能源云电碳协同浙江湖州示范
◆ 新型电力系统数字实时仿真平台示范
◆ 适应新型电力系统的配电网数字孪生自动规划系统示范

服务
新能源消纳

区域个性化特色示范
◆ 杭州泛亚运都市级低碳新型电力系统综合示范
◆ 省域现代智慧配电网嘉兴先行示范
◆ 宁波城市级数智能源互联网示范

青海新型电力系统省级示范区

国网青海电力积极推动新型电力系统建设，推进哇让抽水蓄能电站前期工作，建成并运营省级能源大数据中心、电力负荷管理中心，深挖源荷储调节潜力。

西藏藏中新型电力系统地区级示范区

国网西藏电力围绕安全保供等新型电力系统关键问题，持续推进新型电力系统地区级示范区建设。建成日喀则 1 万千瓦时电网侧储能示范项目、华电色尼区 12 万千瓦光伏电站和 12 万千瓦时储能项目。

河北张家口
新型电力系统
地区级示范区

国网冀北电力全力推进张家口新型电力系统示范区建设，围绕"坝上新能源汇集输送 + 坝下新能源就地利用"，重点建设"新能源大规模汇集输送与源网荷储协同互动"的区域示范，建成"新能源 + 储能 + 分布式调相机"电站等一批示范工程。

国家风光储输示范基地 2×50 兆乏调相机项目

新疆南疆
新型电力系统
地区级示范区

国网新疆电力围绕新型电力系统示范区建设目标，积极打造电－氢协同互动示范，推动建成库车新能源制氢、构网型储能示范工程，提升新能源消纳水平。

调度运行

2022 年，国家电网有限公司持续提升系统平衡调节能力，提高新能源功率预测精度，加强省间调峰互济，保障新能源利用率保持在合理水平。加快现货市场和辅助服务市场建设，推动储能高效利用，提高新能源支撑能力，为新能源高比例消纳和系统安全运行提供坚实保障。

持续提升系统平衡调节能力

加快推进现货与辅助服务市场建设

提高新能源支撑能力

抽水蓄能电站年度
平均发电利用小时数

1252小时

省间现货市场新能源交易电量

48亿千瓦时

持续提升系统平衡调节能力

全力推进火电灵活性改造

2022 年"三北"地区完成火电机组灵活性改造 168 台，容量合计 8117 万千瓦，供热期提升调节能力 1002 万千瓦，非供热期提升调节能力 1071 万千瓦。

"三北"地区新增火电改造

8117 万千瓦

供热期提升调节能力

1002 万千瓦

专栏

华北地区

2022 年华北电网 80 台、4050 万千瓦火电机组完成深调改造，最大提升调节能力 588 万千瓦，其中京津唐电网 35 台、1964 万千瓦火电机组完成深调改造，最大提升调节能力 275 万千瓦。

持续提高抽水蓄能利用水平

2022 年，国家电网经营区抽水蓄能电站年发电量合计 384 亿千瓦时，同比增长 30%；平均发电利用小时数 1252 小时，同比增长 5%。

抽水蓄能电站年发电量

384 亿千瓦时

平均发电利用小时数

1252 小时

专栏

华北地区

不断挖掘抽水蓄能运行潜力，抽水蓄能日运行方式由"一发一抽"逐渐变为"两发一抽"或"两发两抽"。2022 年，华北电网抽水蓄能电站抽发电量 159.7 亿千瓦时，同比增长 53.4%；抽发利用小时数 2486 小时，同比增加 5%。

华北电网抽蓄运行情况

抽水蓄能电站名称	装机容量（万千瓦）	抽发利用小时数（小时）
十三陵	80	2481
潘家口	27	2278
永利	210	1193
张河湾	100	2621
西龙池	120	1796
泰山	100	2573
沂蒙	120	2927

提升新型储能调度利用水平

从管理、技术、市场等方面，多措并举大力提升储能调度利用水平，进一步发挥储能的灵活调节能力，保障电力供应安全，促进新能源消纳。

强化储能调度管理

完成全部符合条件的新型储能电站并网调度协议签订，加强并网运行管理，印发《新型储能电站调度运行管理规范（试行）》。

提升储能调度技术

完善并网技术管理，组织制定了《电化学储能系统接入电网技术规定》等技术标准，推动实现储能"可观测、可控制"，储能电站运行信息接入率接近 95%。

推动储能参与市场运行

推动 8 省区 42 座储能电站正式参与市场运行。2022 年参与现货、辅助服务市场的储能平均利用小时数分别高于平均值 68 个百分点和 24.7 个百分点，市场运行效果初步显现。

专栏

国网山西电力

印发《山西电网电化学储能场站调度运行管理规定（试行）》，将储能运行纳入"两个细则"管理。推动储能作为独立主体参与现货市场，纳入《山西省电力市场规则汇编（试运行 V12.0）》，于 2022 年 7 月 1 日起实施。

建设新一代调度技术支持系统

围绕清洁低碳、安全可靠、泛在互联、高效互动、智能开放等新型电力系统特征，建设新一代调度技术支持系统，支持多时间周期滚动的新能源调度和电力电量平衡，提升多种能源综合利用效率。

专栏

国网青海电力

投运新一代调度技术支持系统。创新打造全景监视驾驶舱，实现态势感知与决策处置的无缝衔接与联动，有效提升电网风险主动防御能力；创新应用新能源精细化消纳分析技术，实现新能源消纳多层次、多角度、分钟级在线分析，效率平均提升 20%；创新建立新能源精细化发电计划模型，新能源发电计划编制更加准确高效，实现日前计划计算耗时由 30 分钟缩短至 5 分钟。

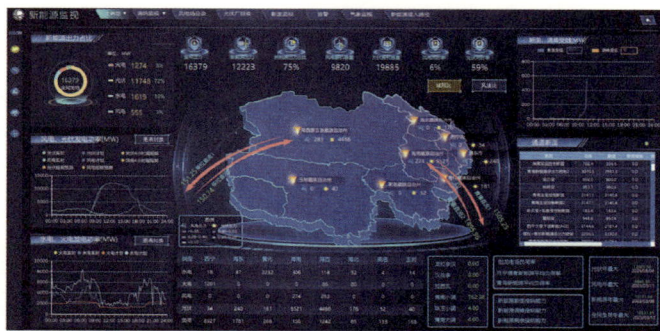

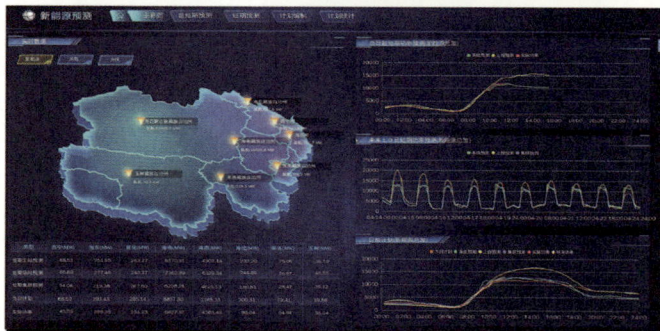

注：本图仅做系统展示，不涉及界线、注记等版图内容。

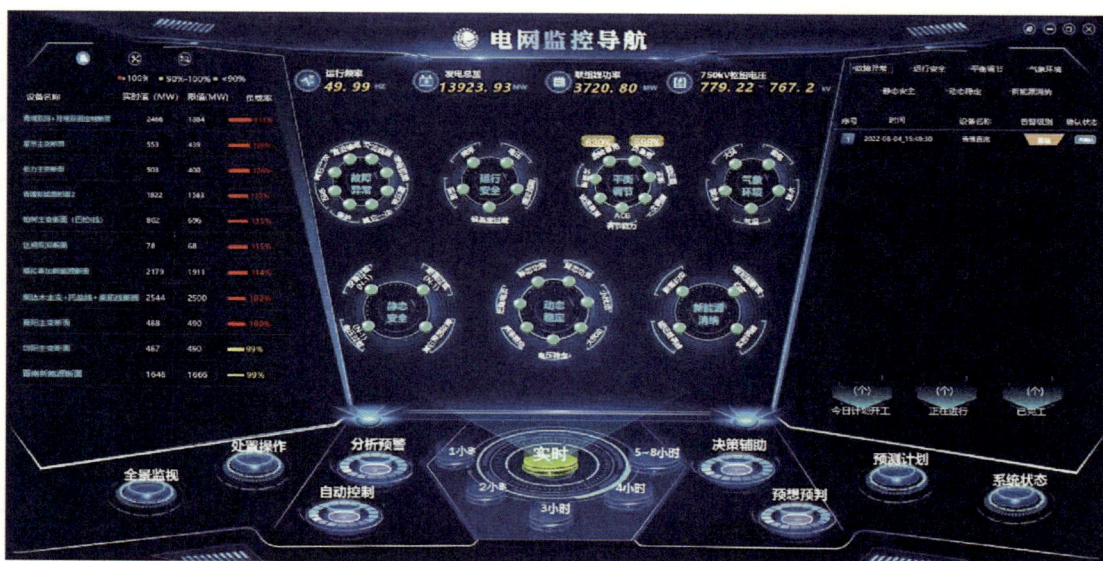

加快推进现货与辅助服务市场建设

持续推进省内现货市场建设

国家电网经营区 19 个省级现货市场已开展结算试运行或启动模拟试运行。

第一批
6 家省级现货试点
开展了
长周期结算试运行

第二批
6 家试点
全部启动
试运行

第三批
非试点省中 7 个省
已完成首次
模拟试运行

专栏

国网甘肃电力不断创新市场机制，促进新能源参与现货市场

一是优化、完善市场机制，形成全国唯一一家用户"报量报价"的现货市场交易模式，新能源企业依托电力交易平台，公开公平参与竞争。

二是全国首家实现平价新能源参与现货市场，新能源参与范围和市场电量占比全国第一。

三是创新开展全年无休的 D+3 日滚动交易，中长期市场实现连续运营，交易周期延伸至日，是国网经营区内唯一一个按日不间断连续运营的省份，交易规则更加适应新能源发电特性，促进新能源应发尽发。

	年度及以上	月度	月内	日前	日内、实时
电能量交易	中长期交易			日前交易	实时交易
发电权 / 合同交易	发电权 / 合同交易				
辅助服务交易				调峰辅助服务交易	
				调频辅助服务交易	
				备用辅助服务交易	
容量交易	容量交易				
可再生能源交易	可再生能源消纳责任				

中长期   现货

正式启动省间电力现货市场

2022 年 1 月，省间电力现货市场正式启动试运行，全年交易电量 278 亿千瓦时，占省间交易电量的 2.13%，火电、水电、新能源成交量分别为 145 亿、85 亿、48 亿千瓦时，在激发送端火电企业发电积极性、提升全网电力供应能力、促进清洁能源消纳等方面成效显著。

省间电力现货市场全年交易电量

278 亿千瓦时

2022 年省间现货交易成交量价情况

图例：成交电量 | 加权平均电价 | 省间市场化中长期交易均价

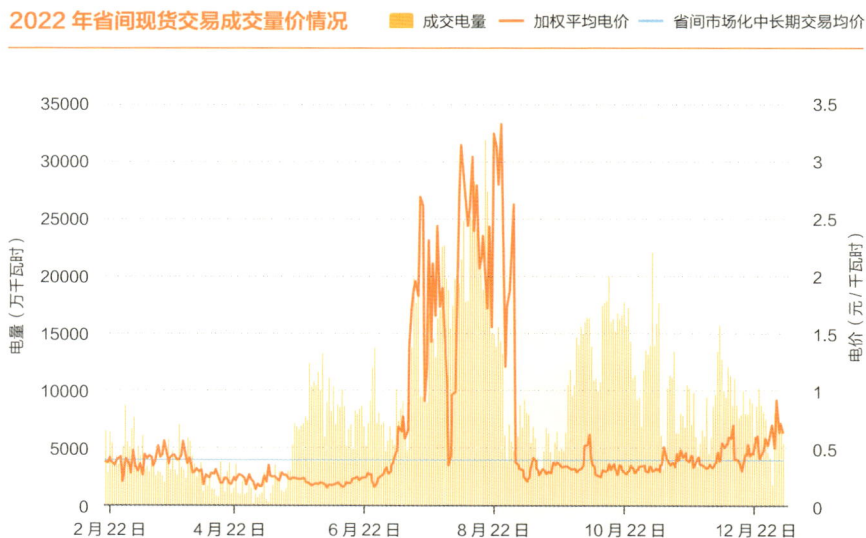

纵轴左：电量（万千瓦时）0 / 5000 / 10000 / 15000 / 20000 / 25000 / 30000 / 35000
纵轴右：电价（元 / 千瓦时）0 / 0.5 / 1 / 1.5 / 2 / 2.5 / 3 / 3.5
横轴：2 月 22 日　4 月 22 日　6 月 22 日　8 月 22 日　10 月 22 日　12 月 22 日

专栏

西北地区省间现货交易取得显著成效

促进新能源消纳	跨区外送新能源电量 21.3 亿千瓦时，促进了西北新能源的跨区消纳。
保障电力供应	在迎峰度夏及过冬期间跨区外送 44 亿千瓦时，有力支持了东中部地区用电；跨区购入 19.6 亿千瓦时，支撑了西北在部分用电高峰新能源小发时段的电力保供。
提高特高压通道利用率	西北各省电力公司及发电企业积极参与省间现货市场，全年累计成交电量 96.4 亿千瓦时，其中跨区外送 69.5 亿千瓦时。

全面推进辅助服务市场建设

截至 2022 年年底，国家电网经营区实现了除西藏外的 26 个省级辅助服务市场全覆盖和所有区域调峰辅助服务市场的全覆盖，部分省份开展调频辅助服务市场试点。

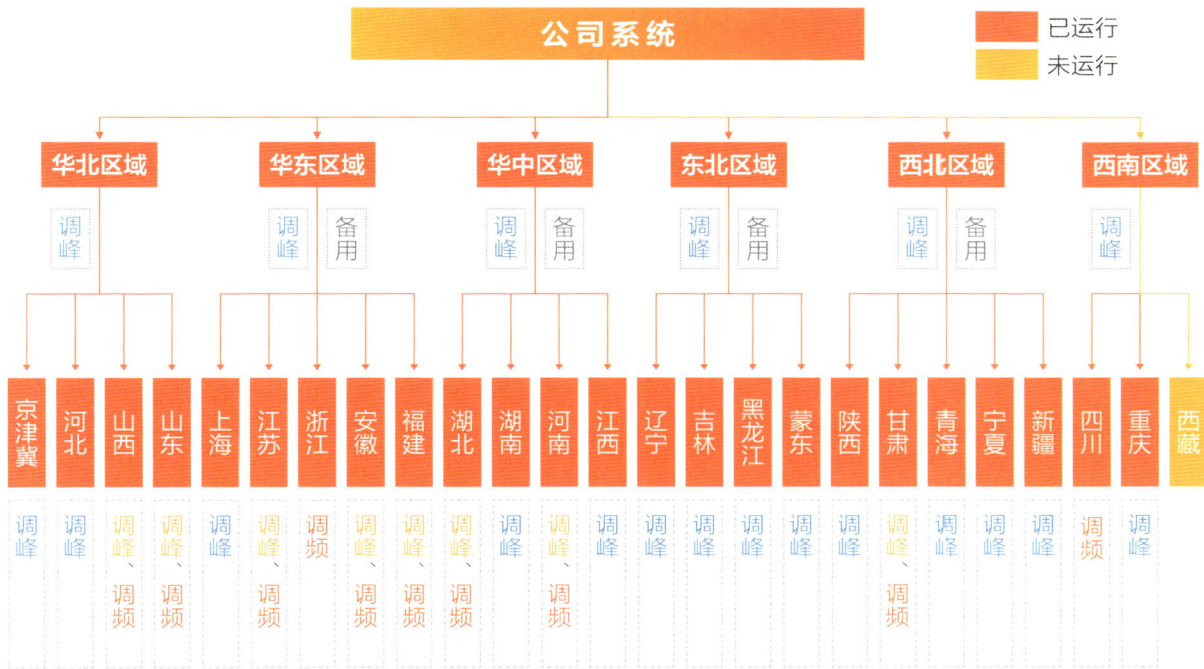

公司系统

■ 已运行
■ 未运行

华北区域	华东区域	华中区域	东北区域	西北区域	西南区域
调峰	调峰　备用	调峰　备用	调峰　备用	调峰　备用	调峰

京津冀	河北	山西	山东	上海	江苏	浙江	安徽	福建	湖北	湖南	河南	江西	辽宁	吉林	黑龙江	蒙东	陕西	甘肃	青海	宁夏	新疆	四川	重庆	西藏
调峰	调峰	调峰、调频	调峰、调频	调峰	调峰、调频	调频	调峰、调频	调峰、调频	调峰、调频	调峰、调频	调峰、调频	调峰	调峰	调峰	调峰	调峰	调峰	调峰、调频	调峰	调峰	调峰	调频	调峰	

专栏

国网华北分部有序推动负荷侧资源参与辅助服务市场

截至 2022 年年底，通过源网荷储协同互动平台，京津唐电网已接入负荷侧可调节资源容量 808 万千瓦，包括电动汽车充电桩、电采暖、工业负荷、自备厂、新型储能等，最大调节能力 60 万千瓦，累计调峰电量 3.8 亿千瓦时。

国网陕西电力利用辅助服务、跨省调峰等市场机制，全力扩展新能源消纳空间

2022 年，陕西辅助服务市场累计出清 240 天，火电启停调峰 17 台次，累计减弃新能源 10.8 亿千瓦时；积极参与西北区域省间调峰辅助服务市场，通过西北区域省间调峰辅助服务市场增发省内新能源 2.3 亿千瓦时。

持续开展区域省间备用及灵活互济市场化交易

持续开展区域省间备用及灵活互济市场化交易，提升新能源消纳能力。西北区域省间交易电量 294 亿千瓦时，增加新能源电量消纳约 92 亿千瓦时。东北区域开展省间备用共享及灵活互济，跨省支援 1000 余次，多消纳新能源电量 47 亿千瓦时。

专栏

西北电网不断创新市场交易品种，促进新能源消纳

首次启动西北省间备用辅助服务市场。 2022 年 9 月 1 日起启动不间断试结算运行，累计开展省间备用交易 6412 笔，交易电量 28.5 亿千瓦时，在用电高峰及后夜时段、用电紧张时段，省间备用互济电量 19.0 亿千瓦时，在中午新能源大发时段，增发新能源消纳 3.4 亿千瓦，支撑各省电力保供及新能源消纳作用显著。

西北省间备用市场各省交易情况

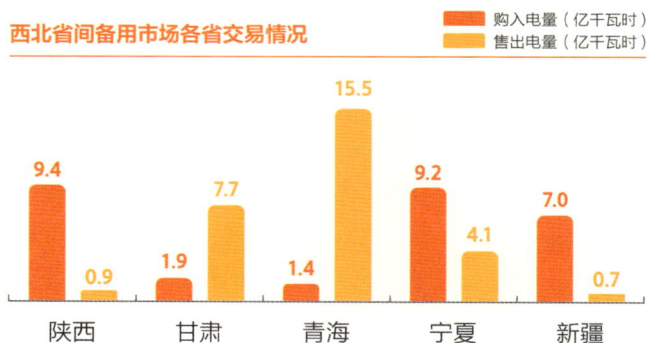

购入电量（亿千瓦时）
售出电量（亿千瓦时）

省份	购入电量	售出电量
陕西	9.4	0.9
甘肃	1.9	7.7
青海	1.4	15.5
宁夏	9.2	4.1
新疆	7.0	0.7

探索建设西北电网灵活调节容量市场。 编制完成《西北电网灵活调节容量市场运营规则（征求意见稿）》。开展西北电力灵活调节容量市场技术支持系统建设，为后续市场运行做好准备。

西北电力灵活调节容量市场技术支持系统架构图

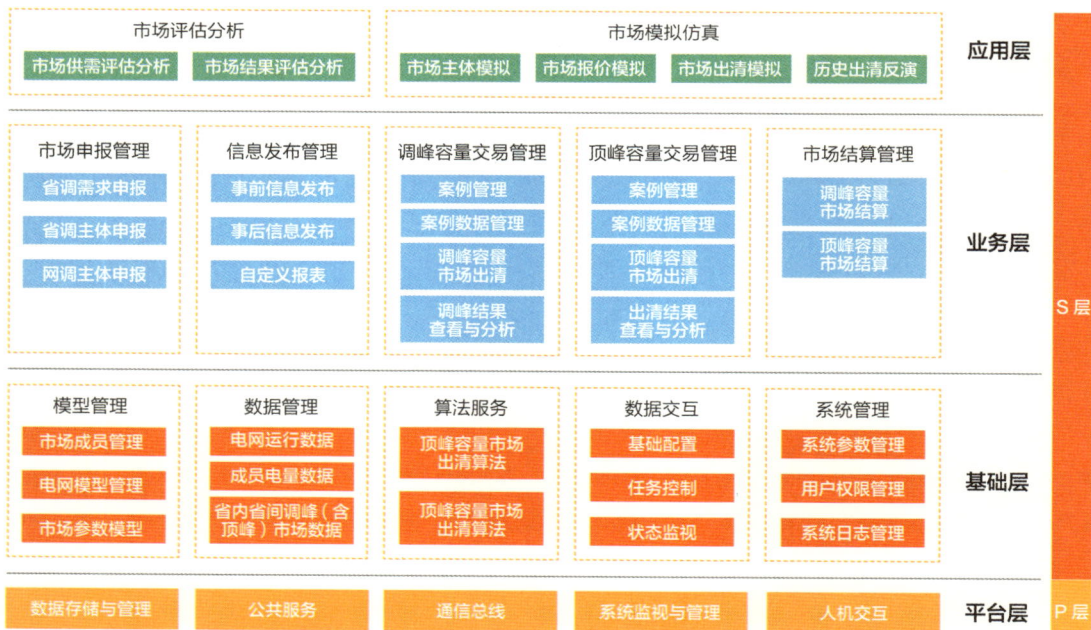

应用层					S层

应用层

市场评估分析
- 市场供需评估分析
- 市场结果评估分析

市场模拟仿真
- 市场主体模拟
- 市场报价模拟
- 市场出清模拟
- 历史出清反演

业务层

市场申报管理
- 省调需求申报
- 省调主体申报
- 网调主体申报

信息发布管理
- 事前信息发布
- 事后信息发布
- 自定义报表

调峰容量交易管理
- 案例管理
- 案例数据管理
- 调峰容量市场出清
- 调峰结果查看与分析

顶峰容量交易管理
- 案例管理
- 案例数据管理
- 顶峰容量市场出清
- 出清结果查看与分析

市场结算管理
- 调峰容量市场结算
- 顶峰容量市场结算

基础层

模型管理
- 市场成员管理
- 电网模型管理
- 市场参数模型

数据管理
- 电网运行数据
- 成员电量数据
- 省内省间调峰（含顶峰）市场数据

算法服务
- 顶峰容量市场出清算法
- 顶峰容量市场出清算法

数据交互
- 基础配置
- 任务控制
- 状态监视

系统管理
- 系统参数管理
- 用户权限管理
- 系统日志管理

平台层　P层
- 数据存储与管理
- 公共服务
- 通信总线
- 系统监视与管理
- 人机交互

提高新能源支撑能力

持续提升功率预测准确度

坚持新能源功率预测专班工作制度，常态化组织开展预测偏差分析和精度提升工作，全年风、光预测准确率总体精度同比提升0.2个百分点，继续保持国际领先水平。

专栏

国网山西电力

集中攻关复杂环境下新能源功率预测技术。2022年11月28日—12月2日寒潮天气期间，通过重大天气模型应用，保证了预测精度超过90%，相较2022年2月寒潮期间82%的准确率，提升超过8%。

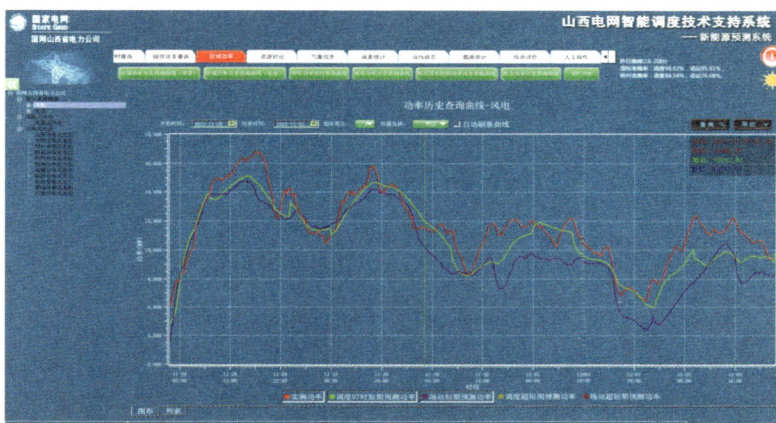

寒潮期间新能源功率预测效果

国网陕西电力

推进主站集中式新能源功率预测平台建设，实现由单一场站端功率预测向主、场站预测数据"多源"协同优化的转变，提高了功率预测的准确性。

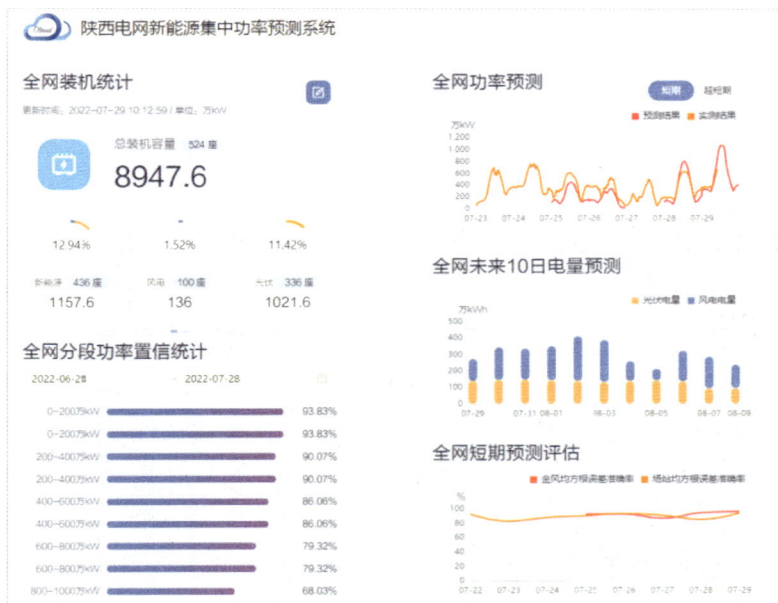

持续提升新能源涉网性能与支撑能力

推进分布式调相机涉网、调试、并网试验及运行管理等工作。推动新能源一次调频及惯量响应能力建设，不断提高新能源主动支撑能力。

专栏

国网青海电力

统筹兼顾青海海南千万千瓦级新能源基地的保供和新能源送出需求，实现世界最大规模新能源分布式调相机群与西北电网最大水电机群的日内常态化置换灵活运用，大幅提升电网调节灵活性及适应性，对保障系统安全、促进新能源消纳具有重要意义。

国网辽宁电力

开展新能源主动支撑能力监测分析工作，稳步推进新能源一次调频及惯量响应改造。截至 2022 年年底，辽宁共有 340 万千瓦新能源具备一次调频功能，场站侧通过新增快速频率响应装置实现一次调频功能。

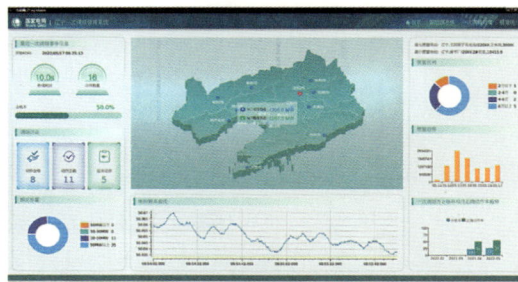

注：本图仅做系统展示，不涉及界线、注记等版图内容。

国网华北分部

建立了新能源场一次调频性能在线主动监测与评估平台，并以锡盟特高压配套风电场为试点，首次采用远程在线测试与现场检测相结合的方式，完成了新能源场一次调频能力验证试验。

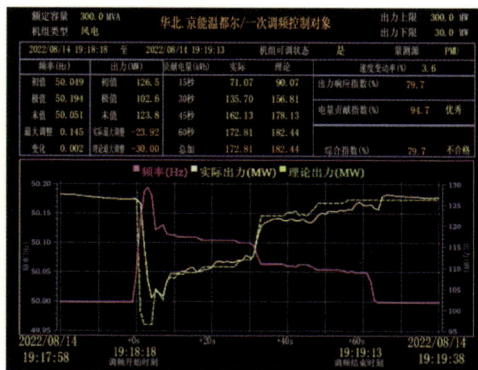

一次调频性能测试结果

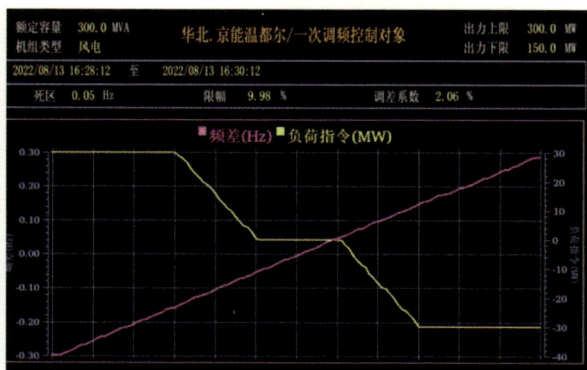

推动分布式光伏可观、可测、可控

2022 年，提出并验证了兼具先进性与大规模推广经济性的分布式光伏监视、预测、控制技术，已在省级电网落地应用。

专栏

国网江苏电力研发基于基准站聚合感知的分布式光伏可观、可测技术

- 通过数字化技术创新，在省级调控云建成分布式光伏可观、可测系统，实现全省 95 个区县分布式光伏运行实时监测和精准预测，实时观测准确率达 97%，预测准确率达 95%。

- 通过与电网拓扑的结合，实现了供电台区 – 变电站 – 母线 – 线路多层级的光伏出力汇聚，可为不同层级电网真实负荷还原、日内电力电量平衡、日前调度计划安排等业务提供数据支撑。

注：本图仅做系统展示，不涉及界线、注记等版图内容。

国网河北电力分布式光伏可观、可测、可控技术规模化应用

- 建成分布式光伏精确实时感知体系，实现地市分布式光伏数据分钟级采集。

- 县域、省级分布式光伏预测准确性达到集中式光伏水平。

- 实现基于用采系统的并离网控制技术，建成百万千瓦级分布式光伏协同控制系统。

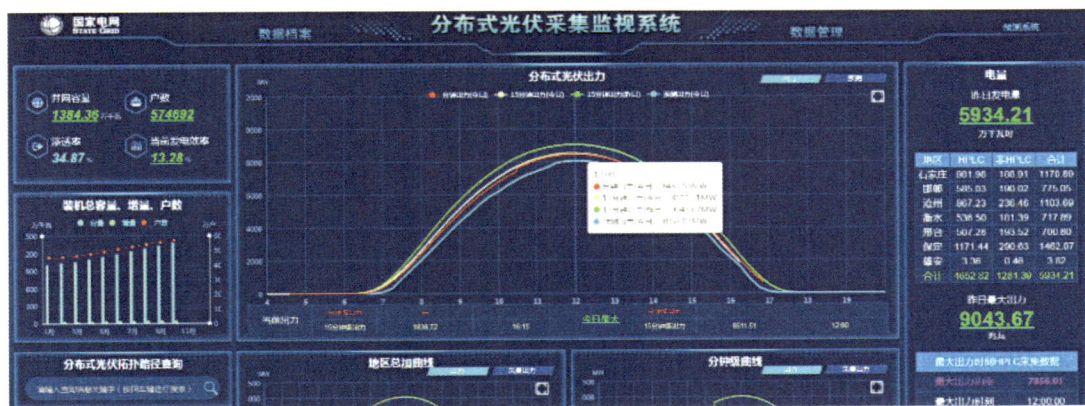

市场交易

2022 年，国家电网有限公司加快推进电力市场建设，完善中长期市场机制，创新开展绿色电力证书交易。积极组织省间交易，扩大省内交易规模，推动新兴主体参与市场化交易。全年新能源省间市场化交易电量 1123 亿千瓦时，同比增长11.8%，省内市场化交易电量2735 亿千瓦时，同比增长124%。

稳步推进新能源市场化交易

持续推进绿色电力市场建设

拓展新兴主体市场化交易

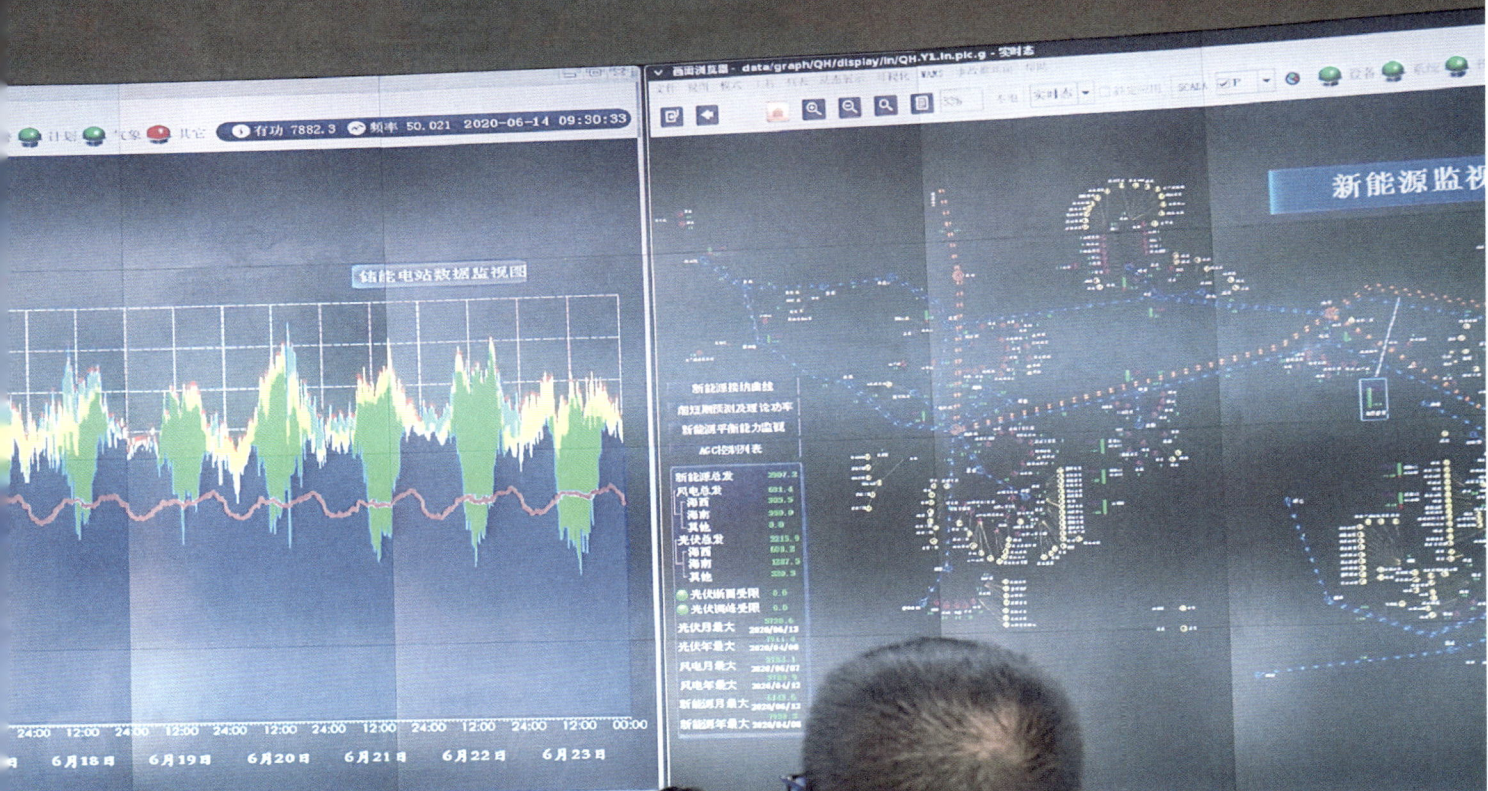

新能源市场化交易电量

3858 亿千瓦时

绿色电力交易结算电量

152 亿千瓦时

绿色电力证书交易量

145 万张

稳步推进新能源市场化交易

提升电力市场对高比例新能源的适应性

修订印发《北京电力交易中心跨区跨省电力中长期实施细则（修订稿）》，更好适应大规模新能源发电入市交易，服务新能源高水平运行消纳。

> **贴 士**
>
> **《北京电力交易中心跨区跨省电力中长期实施细则（修订稿）》的新要求**
>
> | | | |
> |---|---|---|
> | 明确可再生能源交易执行的优先地位。在相同交易周期下，可再生能源交易（或含有可再生能源的交易）优先于其他交易执行。 | 缩短交易周期、提高交易频次。在年度、月度交易的基础上，实现月内按工作日连续开市，为短期内新能源交易需求提供市场化解决方式。 | 建立健全合同交易机制。通过合同转让、回购、置换等方式，实现交易需求的再调整，为新能源提供灵活调整合同的市场化手段。 |

送端省份优化新能源外送组织方式和电价机制，提升市场对新能源随机波动的适应性，促进新能源跨省跨区消纳。

> **专栏**
>
> 国网甘肃电力积极组织省间交易，创新中长期日滚动方式连续运营，优化外送模式新能源同权参与。创新推行分时段外送电价机制，拉开省间交易峰、平、谷交易价格，积极引导新能源参与省间交易，发挥绿色能源基地作用，服务全国低碳转型大局。

> 国网新疆电力依托"年度＋月度＋月内＋日前实时"交易组织机制，通过省间中长期市场连续运营为市场主体提供更短周期、更细粒度、更灵活的交易调整手段；设计"按比例"精准校核计算流程，优化完善"配套新能源""电力援疆""绿色电力"交易，新能源外送电量占比超三成，为全国能源结构绿色转型贡献新疆力量。

组织开展年度、多月、月度、旬和日等多时间尺度交易，创新开展分时段交易机制并按日滚动，实现省内中长期市场连续运营。

专栏

国网山西电力创新开展"先双边后分时"交易，其中分时交易将每天分为 24 个时段，以每个时段电量作为交易标的。利用分时价差和连续交易机制，引导用户多用谷段低价电，扩大谷段新能源消纳空间，实现新能源中长期合约量价齐升。

国网甘肃电力推进电力中长期市场、现货市场、辅助服务等多个不同品种的市场建设，D+3 日滚动交易上线运行后实现完全意义上按日不间断连续运营，实现了全时段的市场化交易，有效解决了新能源不确定性导致的参与中长期交易难的突出问题。

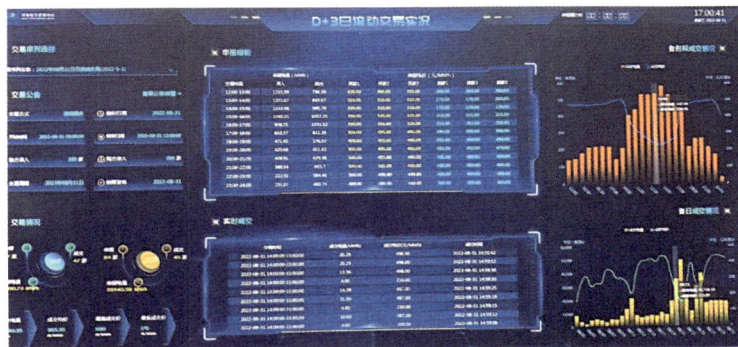

甘肃 D+3 日滚动发电侧功能可视化大屏展示

新能源市场化交易规模取得新突破

2022 年国家电网经营区新能源市场化交易电量 3858 亿千瓦时，占新能源总上网电量的 40.7%。

新能源市场化交易电量

3858 亿千瓦时

占新能源总上网电量

40.7%

2018—2022 年新能源市场化交易电量及占比

■ 新能源市场化交易电量（亿千瓦时）
—●— 新能源市场化交易电量占比

省间交易规模创新高

新能源省间交易电量

1467 亿千瓦时

其中市场化交易电量

1123 亿千瓦时

2022 年，国家电网经营区完成新能源省间交易电量 1467 亿千瓦时，其中市场化交易电量 1123 亿千瓦时，新能源大范围消纳水平进一步提升。

2015—2022 年新能源省间交易电量　　　　　　　　　■ 交易电量 (亿千瓦时)

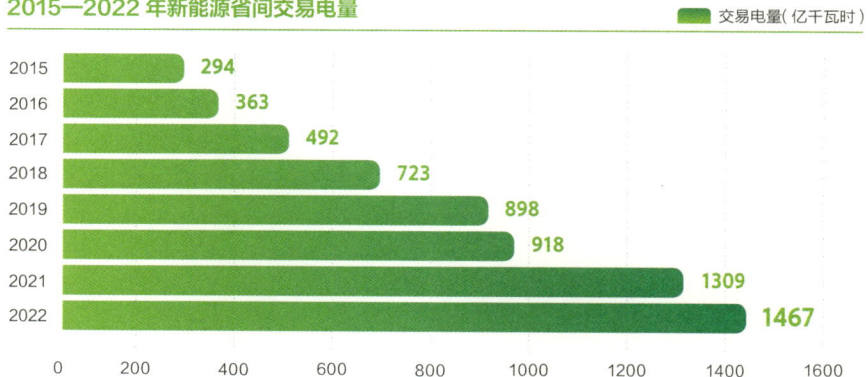

年份	交易电量
2015	294
2016	363
2017	492
2018	723
2019	898
2020	918
2021	1309
2022	1467

2022 年，新能源省间中长期交易电量 1411 亿千瓦时，跨区现货交易电量 56 亿千瓦时。省间中长期交易中，省间外送交易、电力直接交易、发电权交易电量分别为 1376 亿、6 亿、29 亿千瓦时。

2022 年各类省间交易电量及占比　　　　　　　　　交易电量 (亿千瓦时)

1376 93.8%	6 0.4%	29 2.0%	56 3.8%
省间外送电量及占比	电力直接交易电量及占比	发电权交易电量及占比	跨区现货交易电量及占比

从地区看，西北地区新能源省间交易电量 905 亿千瓦时，占全部新能源省间交易电量的 61.7%。从各省看，新疆、河南分别为新能源净送出和受入最大省份，电量分别为 372 亿、244 亿千瓦时，分别占全部新能源省间交易电量的 25.4%、16.6%。

新疆 372亿千瓦时
甘肃 240亿千瓦时
蒙东 103亿千瓦时
宁夏 164亿千瓦时
青海 123亿千瓦时
山东 166亿千瓦时
河南 244亿千瓦时
江苏 179亿千瓦时
浙江 153亿千瓦时
湖南 413亿千瓦时

送端区域
受端区域

南海诸岛

省内新能源市场化交易规模翻一番

新能源省内市场化交易电量

2735
亿千瓦时

同比增长

124%

2022 年，国家电网经营区新能源省内市场化交易电量 2735 亿千瓦时，同比增长 124%。

2018—2022 年国家电网经营区省内新能源市场化交易电量　■ 交易电量（亿千瓦时）

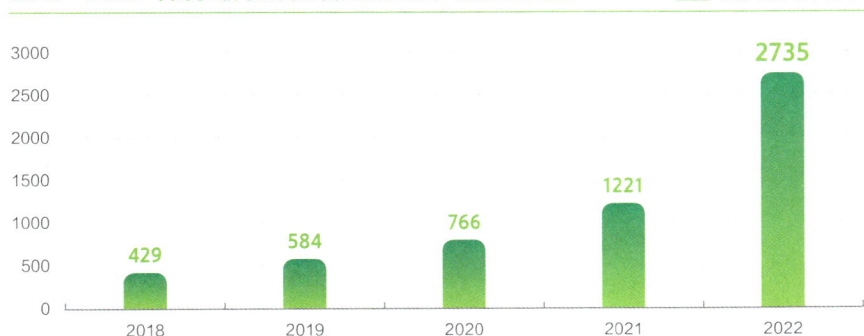

从交易类型看，2022 年新能源省内中长期市场化交易电量 2302 亿千瓦时，同比增长 115.1%，主要包括电力直接交易和发电权交易，交易电量分别为 2092 亿千瓦时和 210 亿千瓦时。2022 年新能源省内现货交易电量 433 亿千瓦时，主要集中在山西、山东和甘肃。

2018—2022 年国家电网经营区省内新能源中长期交易电量　■ 电力直接交易（亿千瓦时）　■ 发电权交易（亿千瓦时）

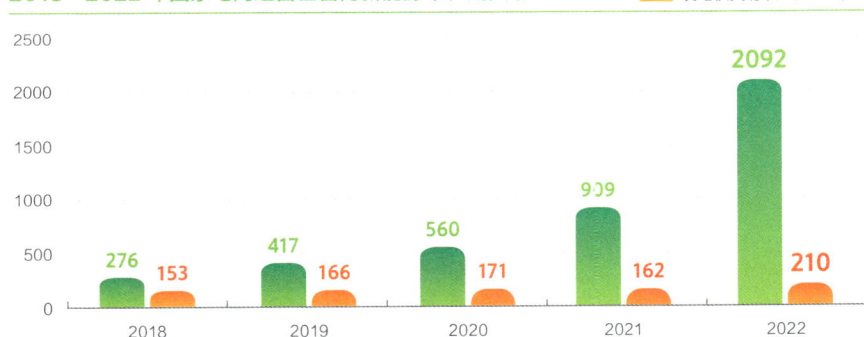

从地区看，西北地区新能源省内市场化交易量最大，达到 1196 亿千瓦时，占新能源省内市场化交易电量的 43.7%。从各省看，山西新能源市场化交易规模最大，达到 410 亿千瓦时。

2022 年国家电网经营区部分省区内新能源市场化交易电量　■ 交易电量（亿千瓦时）

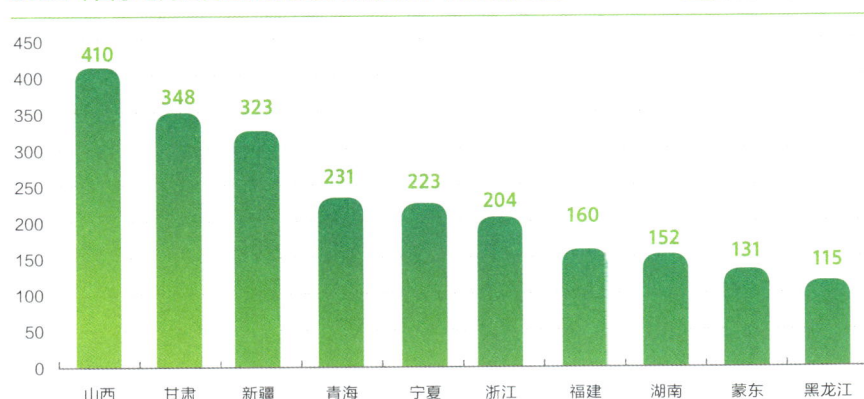

持续推进绿色电力市场建设

持续完善绿电市场建设

配合国家发展改革委、国家能源局研究出台《关于进一步推进绿电交易相关工作的通知》，修订《北京电力交易中心绿色电力交易实施细则》。编制印发《北京电力交易中心绿色电力交易组织流程管理规范》，规范绿电交易组织流程。

专栏

《北京电力交易中心绿色电力交易实施细则》要点

交易主体	交易范围	交易组织方式	交易价格
包括发电企业、电力用户、售电公司、电网企业、电力交易机构、电力调度机构、国家可再生能源信息管理中心等。	参与绿色电力交易的发电企业初期主要为风电和光伏等新能源企业。分布式能源可通过聚合的方式参与绿色电力交易。	绿色电力交易的组织方式主要包括双边协商、挂牌等。	绿色电力交易价格应充分体现绿色电力的电能价值和环境价值，原则上市场主体应分别明确电能量价格与绿色环境权益价格。

创新开展绿色电力证书交易

贯彻落实国家《关于推动电力交易机构开展绿色电力证书交易的通知》有关要求，印发《北京电力交易中心绿色电力证书交易规则》，在电力交易平台启动绿色电力证书（简称绿证）交易。

专栏

《北京电力交易中心绿色电力证书交易规则》要点

交易主体

包括在电力交易中心平台注册的可再生能源发电企业、电力用户、售电企业、电网企业、政府机关、事业单位、非政府组织等，后续结合市场发展可进一步扩大范围。

交易范围

绿证核发范围主要包括风电、光伏发电，后续根据政策要求可逐步扩大至其他可再生能源发电项目。

交易组织方式

绿证交易组织方式包括挂牌、双边协商、集中竞价等。初期，以挂牌、双边协商交易方式为主。

交易价格

绿证价格通过市场形成，体现绿色环境价值。

高效组织开市筹备工作

组织 27 个省级交易中心，4 家技术支撑单位和 2 家研究支撑单位，开展覆盖国家电网经营区的绿证交易筹备工作，编制《绿色电力证书交易工作方案》和《绿色电力证书交易规则（试行）》，于 2022 年 9 月 15 日获得正式批复。

深入调研市场绿证需求

组织各省级交易中心通过电话问询、现场问卷等形式，开展市场主体调研。发动地市供电公司开展市场动员，宣贯绿证政策，主动对接近 300 家企业，开展"一对一"市场服务，广泛征集绿证购买需求。

北京
电力交易中心
多措并举积极推进
绿证交易

广泛开展绿证市场主体培训

各电力交易中心积极通过线上、线下多种渠道组织市场培训 30 余场，培训各类用户 5000 余人，广泛宣讲政策，普及知识，解答问询。编制绿证交易用户手册。组织绿证交易平台功能线上培训。

做好绿证交易平台建设

根据绿证交易规则和业务方案设计研发绿证交易平台，于 2022 年 9 月 15 日顺利上线，为市场主体户提供"一站式"绿电绿证交易服务。开展数据集成，实现核发机构绿证批量划转。

绿色电力交易规模进一步扩大

2022 年，国家电网经营区共计结算绿电交易电量 152 亿千瓦时，其中，宁夏绿电交易结算电量最大，超过 30 亿千瓦时，占成交电量的 19.8%。

北京电力交易中心结算绿电交易电量

152 亿千瓦时

2022 年重点省区市绿电消费电量　　　　　　　■ 消费电量（亿千瓦时）

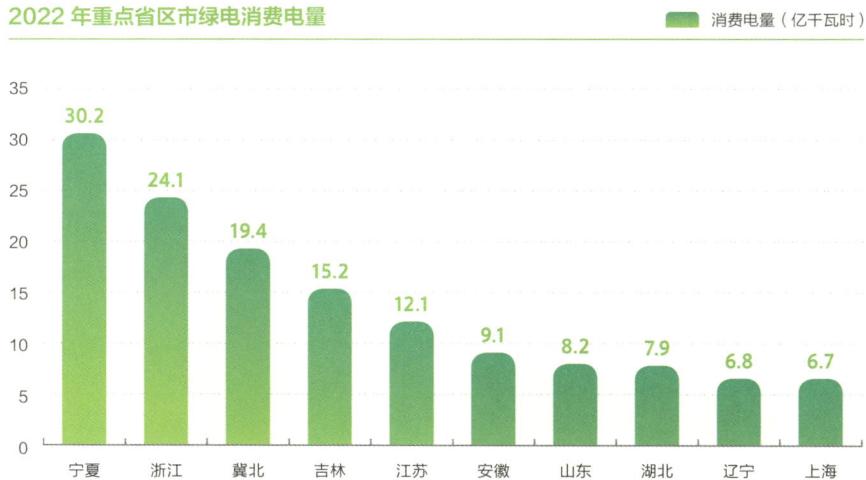

省区市	消费电量（亿千瓦时）
宁夏	30.2
浙江	24.1
冀北	19.4
吉林	15.2
江苏	12.1
安徽	9.1
山东	8.2
湖北	7.9
辽宁	6.8
上海	6.7

绿色电力证书交易规模快速增长

2022 年，国家电网经营区共计交易绿证达 145 万张，折合电量 14.5 亿千瓦时。其中，江苏绿证交易量最大，达到 76 万张，占总量的 52.6%。

北京电力交易中心绿证交易平台交易绿证

145 万张

2022 年重点省区市绿色电力证书购买数量

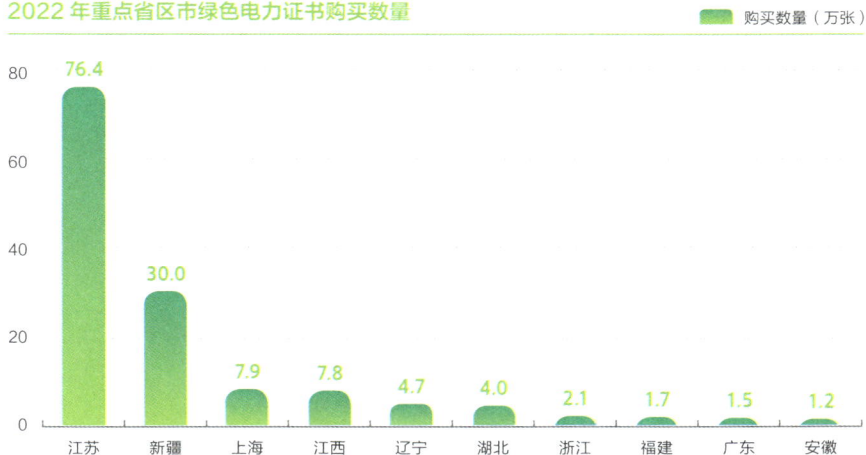

■ 购买数量（万张）

省区市	购买数量（万张）
江苏	76.4
新疆	30.0
上海	7.9
江西	7.8
辽宁	4.7
湖北	4.0
浙江	2.1
福建	1.7
广东	1.5
安徽	1.2

专栏

实现总部办公百分百绿色用能，发挥能源央企示范带动作用

国家电网有限公司积极发挥能源央企示范带动作用，推动各单位生产、办公用电百分百使用绿色电力。通过参与绿电交易方式，2022 年下半年实现西单总部大楼、都城大厦两个办公区全部使月绿电，成为首个总部办公区用能使用绿电并获得认证的央企，在实现能源消费绿色低碳转型中"率先示范、走在前列"。

专栏

绿电交易助力巴斯夫实现减碳目标

积极组织巴斯夫（中国）有限公司参与绿电交易。2022 年 9 月建成投产的巴斯夫湛江一体化基地实现了首套装置百分百使用绿色电力，计划到 2025 年基地将实现全部使用绿色电力。

助力宝马实现全价值链企业绿色电力消费

助力宝马集团包括生产基地、供应链、经销商和不动产合作伙伴在内的全价值链企业实现绿色电力消费。华晨宝马通过"绿电交易＋分布式光伏"的方式，实现了沈阳生产基地百分百绿色电力消费，助力辽宁省供应链企业绿色电力使用比例超过 40%。

首次实现冬奥会冬残奥会场馆全绿电供应

组织开展北京与张家口 2022 年冬奥场馆绿电交易，首次实现全部场馆百分百绿电供应，形成绿电消费的"中国方案"，向北京冬奥组委赞助 20 万吨国家核证自愿减排量，助力"双碳"目标落地，得到国际社会、冬奥组委、河北省委省政府的高度认可，践行了我国"绿色办奥"的庄严承诺。

专栏

创新应用区块链技术为冬奥绿电交易赋能

应用区块链技术研发冬奥绿电溯源平台，实现冬奥绿电全链条信息可信记录与流转，并为冬奥场馆出具基于区块链的绿色电力消费凭证。共计支撑 10 批次、7.8 亿千瓦时的绿电可信溯源，节约用煤 25 万吨、减排二氧化碳 62 万吨，为我国百分百绿色办奥作出了积极贡献。

拓展新兴主体市场化交易

服务新型储能参与电力市场

贯彻落实《关于加快推动新型储能发展的指导意见》（发改能源规〔2021〕1051号）《关于进一步推动新型储能参与电力市场和调度运用的通知》（发改办运行〔2022〕475号）有关要求，编制了《新型储能主体注册规范指引（试行）》，明确新型储能市场主体地位和注册流程，为提升新型储能参与电力市场水平，服务新型储能发展提供创造条件。

专栏

《新型储能主体注册规范指引（试行）》要点

◇ 明确参与电力市场交易的新型储能主体的市场准入条件；

◇ 规定新型储能主体注册必须提供的信息及在交易平台上传的材料；

◇ 制定新型储能主体注册变更以及市场注销相关规定。

山西、山东等省份积极推动储能参与现货及辅助服务市场，提升储能利用水平，保障合理收益，促进储能健康发展。

专栏

山西首次明确独立储能一次调频市场主体地位	山东首次将储能纳入现货市场主体
出台《山西独立储能电站参与电力一次调频市场交易实施细则（试行）》，提出鼓励新能源企业通过双边协商交易，向独立储能运营商购买一次调频服务。在国内首次明确了独立储能电站可作为参与电力一次调频的市场主体，山西也成为全国首个为一次调频付费的省份。	推动出台《关于促进山东省新型储能示范项目健康发展的若干措施》，是全国首个依托电力现货市场的储能支持政策，从充放电价、容量补偿、容量租赁等方面明确了具体标准，为推动新型储能取得合理收益和良性发展奠定了基础。

推动虚拟电厂市场化运营

在开展源网荷储互动交易的基础上，推动虚拟电厂市场化运营，提升系统的灵活调节能力，持续助力新型电力系统建设。

专栏

山西出台全国首个《源网荷储一体化管理办法》和《虚拟电厂运营管理实施方案》

《源网荷储一体化管理办法》：明确了项目源网荷储各要素应满足用户侧负荷不低于 60 兆瓦、年用电量不低于 3 亿千瓦时、调节能力不低于用电侧负荷的 50%、持续时间不低于 4 小时、发电装机容量原则上不低于 1.05 倍用电负荷。

《虚拟电厂运营管理实施方案》：明确一体化项目依托电网统一结算及建立现货交易方式的虚拟电厂，明确了虚拟电厂准入标准、运营方式、收益模式，形成可操作、可落地的山西源网荷储互动经验。

持续创新需求侧响应

通过负荷管理等方式创新推动需求侧响应实施，填补低谷负荷，提升新能源发电消纳空间。

专栏

国网辽宁电力成立辽宁省电力负荷管理中心

2022 年 8 月，国网辽宁电力举行辽宁省电力负荷管理中心揭牌仪式。省电力负荷管理中心将充分运用市场机制和经济杠杆，调动需求侧可调节负荷资源参与电力供需平衡保障，开展精细、高效、智能的负荷管理，服务用户便捷参与电力需求响应。

技术创新

2022 年，国家电网有限公司持续加强新能源技术创新。加大新能源科技研发投入，累计开展新能源领域科研项目近 400 项。进一步推动完善新能源标准体系建设，累计主导制定新能源类国际标准 12 项，国家标准 103 项，行业标准 117 项，企业标准 118 项。持续开展新型电力系统技术攻关，累计拥有新能源技术领域发明专利 3534 项，在国务院国资委专利质量排名中被评为 A 类企业。积极参加国际与国内交流活动，进一步深化新能源领域交流合作。

科技研发成果丰硕

标准规范逐步建立

开展新型电力系统技术攻关

持续深化交流合作

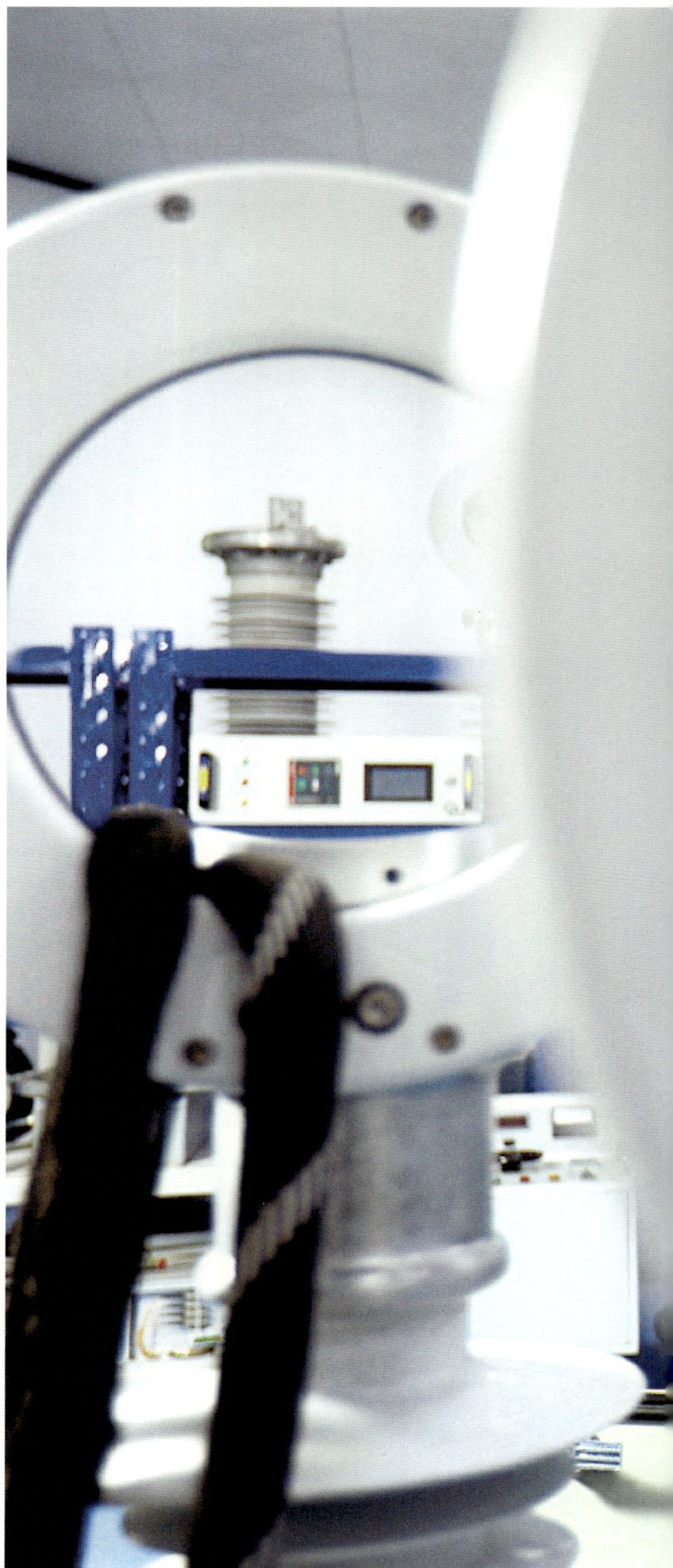

投入新能源相关课题研发经费

7.14亿元

立项新能源领域科技项目

131项

累计拥有新能源技术领域
发明专利

3534项

科技研发成果丰硕

科研投入持续提升

2022 年，在新能源领域共立项科技项目 131 项，投入经费 7.14 亿元。从 2016 年至今，累计开展新能源领域科技项目近 400 项，研发投入达到 22.3 亿元。

公司历年新能源领域科技研发情况

类别	2016 年	2017 年	2018 年	2019 年	2020 年	2021 年	2022 年	合计
项目数	39	32	31	37	40	89	131	399
总经费（万元）	20640	25928	21059	14945	16118	53600	71400	223690

科技奖项丰硕

获得 2022 年度电力科学技术进步一等奖 5 项、省级科学技术一等奖 8 项。

2022 年新能源领域科技成果获奖情况（部分奖项）

名称	获奖类别	获奖级别	角色
高压大容量柔性直流电网关键技术、成套装备及工程应用	中国电力科学技术进步奖	一等奖	牵头
我国首个千万千瓦级海上风电友好并网运行关键技术及装备	中国电力科学技术进步奖	一等奖	牵头
面向源荷储互动的新型热泵 / 中温集热系统及电热协同控制成套装备	中国电力科学技术进步奖	一等奖	牵头
多送出场景下新能源发电集群振荡与过电压分析及抑制技术	中国电力科学技术进步奖	一等奖	牵头
面向多功能复用的储能电站优化配置与控制关键技术及应用	中国电力科学技术进步奖	一等奖	牵头

专利实现量质齐升

从 2016 年至今，国家电网有限公司持续加强新能源技术创新，发明专利申请数和发明专利授权数稳步提升。

2016—2022 年发明专利申请数

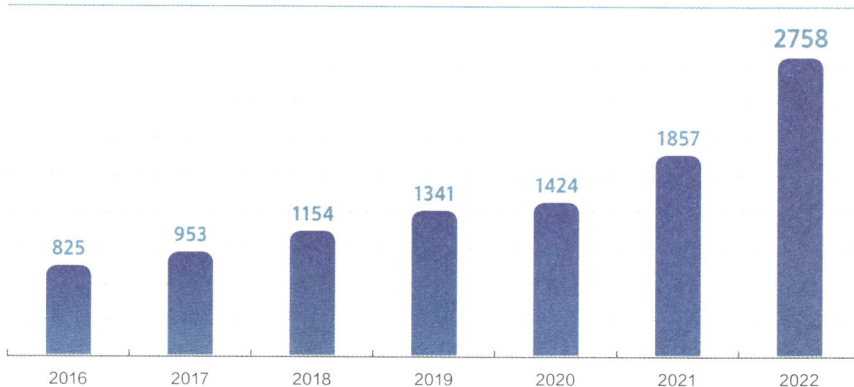

2016	2017	2018	2019	2020	2021	2022
825	953	1154	1341	1424	1857	2758

2016—2022 年发明专利授权数

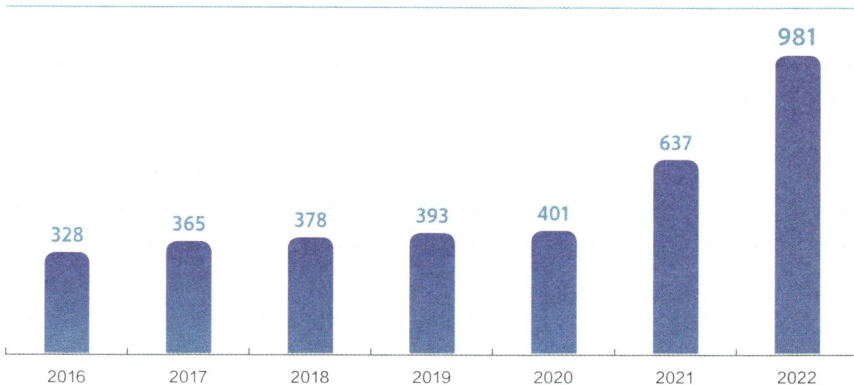

2016	2017	2018	2019	2020	2021	2022
328	365	378	393	401	637	981

截至 2022 年年底累计申请发明专利

12121 项

截至 2022 年年底累计拥有发明专利

3534 项

截至 2022 年年底，在风电、光伏、储能、分布式及微网等主要新能源技术领域，累计申请发明专利 12121 项，累计拥有发明专利 3534 项。

公司主要新能源领域专利累计申请情况

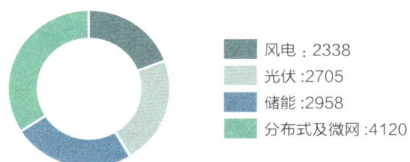

风电：2338
光伏：2705
储能：2958
分布式及微网：4120

公司主要新能源领域专利累计授权情况

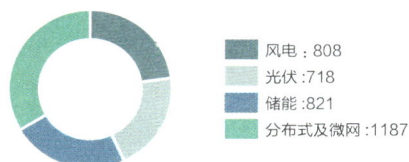

风电：808
光伏：718
储能：821
分布式及微网：1187

创新性成果显著

建成国内首个"新能源＋储能＋调相机"模式新能源场站，显著提升张雄特高压送端地区和塞罕坝地区的新能源送出能力。

专栏

国家风光储输示范基地 2×50 兆乏调相机系统并网成功，率先成为全国首家实现"新能源＋储能＋调相机"模式的新能源场站，调相机系统能够抵御更多电流波动攻击，稳定电网电压，在服务张雄特高压安全稳定和源端输送方面起到了重要作用。

国家风光储输示范基地 1 号调相机并网现场

建成世界首个柔性低频输电示范工程，首次实现了风电低频接入和柔性低频送出，为中远距离海上风电大规模送出奠定了技术基础。

专栏

台州 35 千伏柔性低频输电示范工程研制了 35 千伏柔性换频站、低频变压器、低频风机等 19 项国际首台首套设备，突破了柔性交交变频、柔性低频组网互联、柔性低频控制保护等首创性技术。投运以来，低频风机已累计运行超 1800 小时，实现 132.2 万千瓦时低频风电并网消纳。

标准规范逐步建立

截至 2022 年年底 累计主导制定	新能源类国际标准 **12** 项	国家标准 **103** 项	行业标准 **117** 项	企业标准 **118** 项

类别	通用类	风电类	光伏类	分布式电源 及微电网类	储能类
国际标准	4	1	1	3	3
国家标准	3	22	44	14	20
行业标准	7	36	24	9	41
企业标准	11	25	30	28	24

《基于区块链的绿色电力标识应用标准》
IEEE 国际标准获批立项

国家电网有限公司在电气与电子工程学会标准化协会 (IEEE-SA) 提交的国际标准提案《基于区块链的绿色电力标识应用标准》获批立项。该国际标准是由我国主导立项的首个绿电交易领域国际标准，推动我国绿色电力认证与国际接轨，为提升我国绿色电力证书的国际认可度奠定坚实基础。

《基于区块链的碳交易应用标准》
IEEE 国际标准前期编制工作完成

国家电网有限公司牵头的电气与电子工程师协会（IEEE）首个"区块链＋碳交易"国际标准通过了标准工作组组内审核，标志着该标准前期编制工作完成，我国能源区块链国际标准化工作向前迈进了重要一步。

开展新型电力系统技术攻关

特高压柔直技术研究

针对沙戈荒、西南水风光大型电源基地与主网距离较远，常规直流无法运行的问题，依托直流技术创新，探索采用送端柔性直流技术汇集外送，提高对弱送端大规模新能源汇集外送的适应性，保证系统安全。

开展高通流 / 耐压能力的 IGBT 器件和换流阀研究

加快 4.5 千伏 / 5 千安的 IGBT 器件和相关换流阀研制，力争 ±800 千伏 /8000 兆瓦 /5 千安柔性直流输电尽快具备商业应用条件。

开展高海拔柔直设备研究

高海拔特高压柔直换流站设计在海拔修正的基础上，解决外绝缘尺寸增加、海拔修正后试验电压提高、半导体可靠性等技术挑战。输电线路设计方面，掌握线路塔头间隙、绝缘子串长海拔修正以及电磁环境变化规律。

新能源主动支撑技术研究

针对新能源占比持续提升，电力系统"双高"特性日益凸显，新能源调频调压、耐频耐压等能力不足的问题，开展新能源并网主动支撑技术研究与应用，保障系统安全稳定运行。

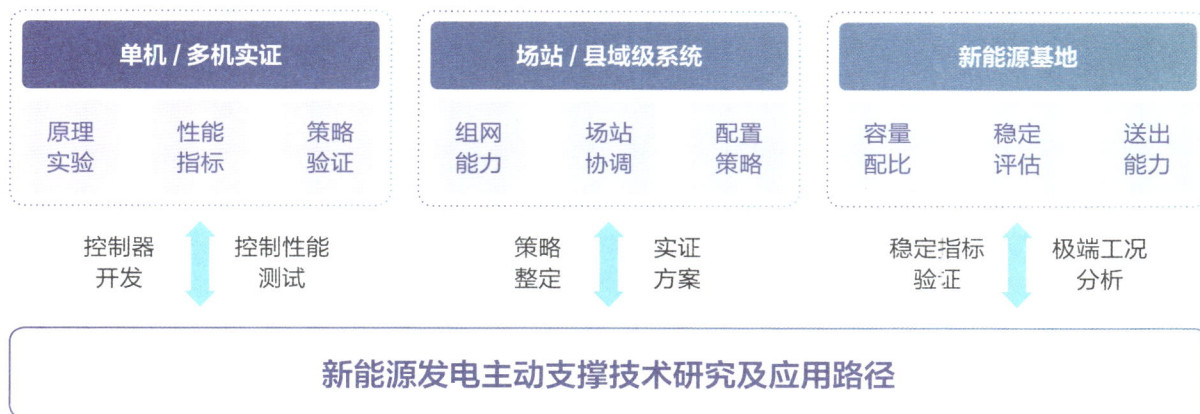

单机 / 多机实证			场站 / 县域级系统			新能源基地		
原理实验	性能指标	策略验证	组网能力	场站协调	配置策略	容量配比	稳定评估	送出能力

控制器开发 ↕ 控制性能测试　　策略整定 ↕ 实证方案　　稳定指标验证 ↕ 极端工况分析

新能源发电主动支撑技术研究及应用路径

深远海海上风电送出技术研究

针对未来海上风电逐步转向深远海域，工频交流输电无法满足深远海风电送出要求的问题，开展了多端柔直技术、低频输电技术等研究，为海上风电场发展提供技术支撑。

开展多端柔直技术研究

对于更大规模深水远海海上风电集群送出的情景，多端互联可以平滑风功率波动，满足更大容量送出，因此开展了多端柔直协调控制、组网拓扑、故障隔离、黑启动等技术研究。

开展低频输电技术研究

低频输电是中远距离海上风电场送出的新型方案，可提高输电线路的输送功率，减少输电回路数和出线走廊。对此，开展了低频海上风电系统最佳运行频率和额定电压等级标准制定、集电系统设计与优化等研究。

大规模分布式光伏并网和控制技术研究

为实现海量分布式光伏的全景监测和高效消纳，开展了面向 5G 通信的海量分布式光伏智能感知和自适应控制技术研究，研发"云-边"协同的分布式光伏广域协调优化调控系统，实现区域分布式光伏的可观、可测、可控。

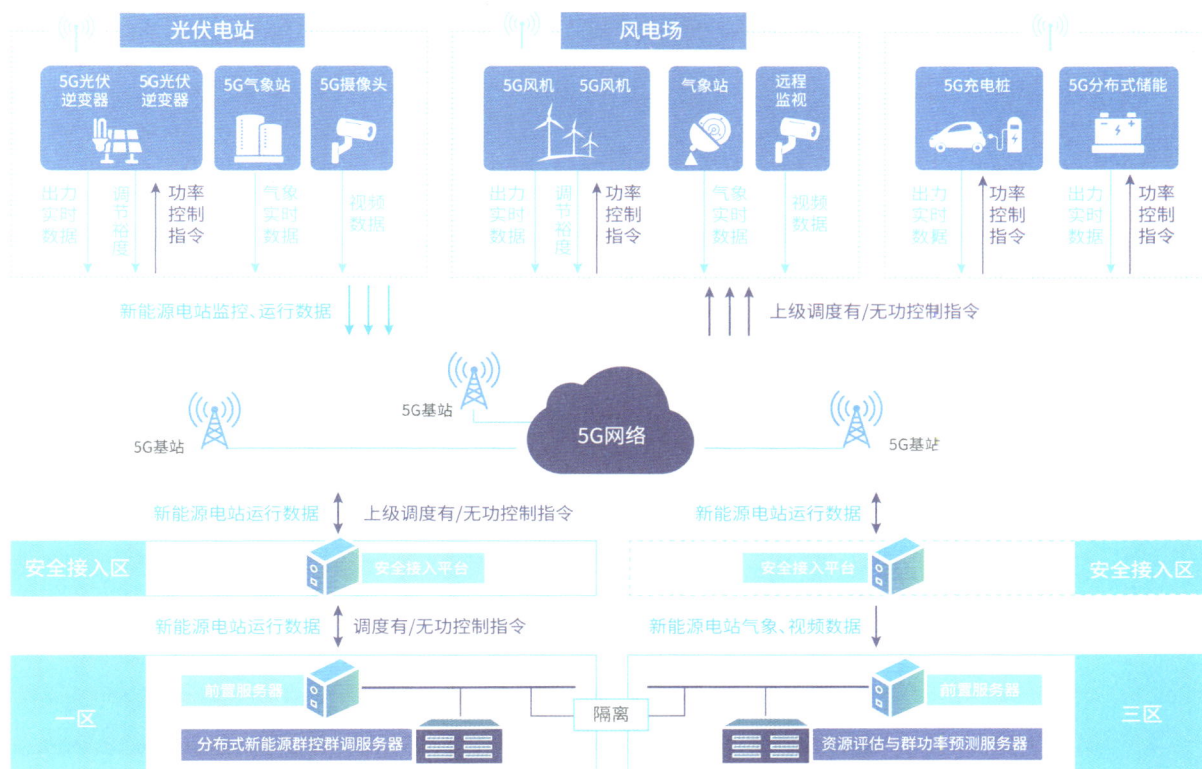

基于边缘计算的分布式光伏状态感知与控制技术框架

分布式光伏云-边协调控制系统

注：本图仅做系统展示，不涉及界线、注记等版图内容。

持续深化交流合作

积极参加国内外交流活动，分享能源电力创新成果，共同应对气候变化，促进全球可持续发展。

举办 2022 能源电力转型国际论坛

围绕推进"双碳"目标和建设新型能源体系，搭建国际交流研讨平台，分享能源电力创新最新成果，探讨能源清洁低碳转型发展趋势，探索碳达峰、碳中和实践路径。

成功组织驻华使节"步入国网"活动

围绕能源转型、可再生能源发展、国际业务、微电网、数字化等方面向各国展示了在服务经济社会高质量发展、服务"双碳"目标实现和"一带一路"建设等方面的举措与成绩，彰显了国家电网有限公司作为"大国重器"的责任担当。

驻华使节"步入国网"
Ambassadors Face to Face with
State Grid Corporation of China
2022年8月9日 中国 北京
August 9th, 2022 Beijing China

召开新型电力系统技术创新联盟理事会第一次会议

深入学习贯彻习近平总书记关于能源电力和科技创新的重要论述，完整、准确、全面贯彻新发展理念，锚定目标、携手奋进，进一步加快新型电力系统建设，为实现碳达峰、碳中和，建设能源强国贡献力量。

行动与倡议

实现碳达峰、碳中和，能源是主战场，电力是主力军，国家电网有限公司将充分发挥"大国重器"和"顶梁柱"作用，自觉肩负起责任使命，坚持清洁低碳是方向、能源保供是基础、能源安全是关键、能源独立是根本、能源创新是动力、节能提效要助力，统筹发展和安全、统筹保供和转型，立足源网荷储各环节协同发力，加强科技驱动、市场带动、政策联动，加快构建以新型电力系统为支撑的新型能源体系。

2023 年是贯彻党的二十大精神的开局之年，也是实施"十四五"规划承上启下的关键一年，推动各项工作落地落实至关重要。国家电网有限公司聚焦碳达峰"一个中心任务"，围绕电力安全保供、绿色低碳转型"两条主线"，落实非化石能源消费占比、新能源发展、电气化水平"三大目标"，抓好源、网、荷、储、科技、示范、机制和节能降碳八方面重点工作。

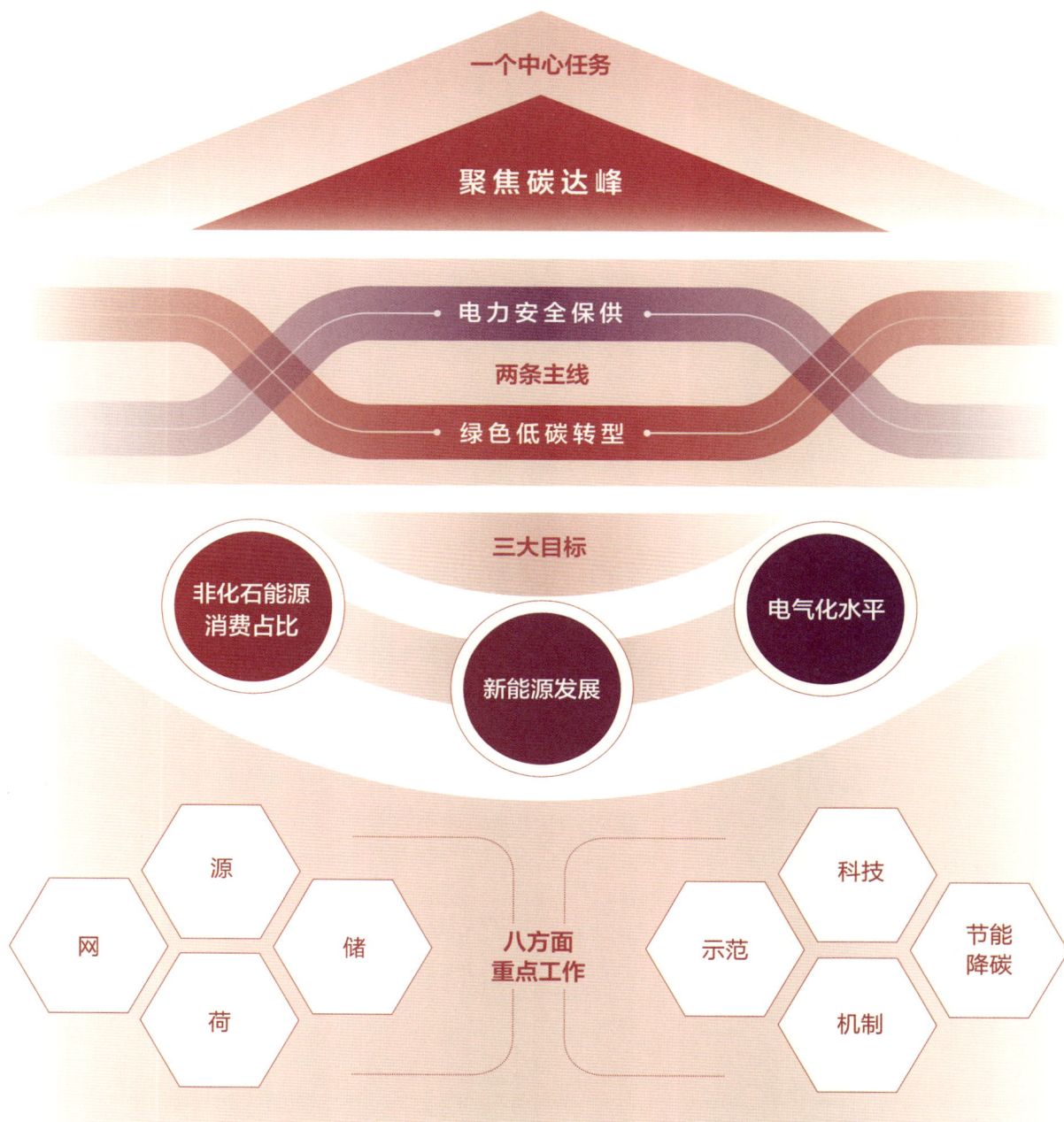

全力服务各类电源发展

加强与政府和发电企业对接，督促常规电源加快建设。配合做好应急备用电源规划，确保具备条件机组"应转尽转"。推动各级政府部门合理设置新能源利用率指标，科学确定发展规模、布局、时序。完善电源管理服务体系，对各类电源建档立卡。

全力构建电网配置平台

按照国家"十四五"电力规划，加快重大工程前期和建设进度，提升全国范围的资源优化配置能力；坚持大型基地、支撑煤电、特高压通道"三位一体"，服务沙戈荒、流域一体化等大型能源基地开发外送。加快发展现代智慧配电网，高质量推进国际一流城市配电网建设，实施农村电网巩固提升工程。推进数字智能电网建设，构建动态"电网一张图"。

全力加强负荷侧管理

分析供用能新技术新业态对负荷特性的影响，研究极端天气条件下电力消费增长机理。加快可调节负荷资源库建设，争取出台激励政策，加强非民生负荷精细化管理。建设全国公共机构节约能源资源综合信息平台，科学有序推进电能替代。

全力推动储能规模化发展

加快抽水蓄能电站建设，密切跟踪抽水蓄能电站前期和建设进展，深化接入方案、运行方式研究，做好并网服务。支持新型储能规模化发展，建立储能统计分析体系，研究新型储能规划、投资、调度、交易等模式，推动统一规划、集中调度、高效利用。

全力推进科技攻关

发挥新型电力系统技术创新联盟作用，共同开展前沿技术开发。做好新型电力系统科技攻关行动计划项目实施，推进煤电与新能源综合调节、协同规划等国重项目研发。加快标准制修订。

全力推进示范建设

推广新型电力负荷管理系统等技术与工程应用，开展柔性直流、微电网、电−氢互动等创新示范。深入开展新型电力系统技术标准、投资界面、管理模式等研究，加强工程规范化管理。

全力推动政策机制完善

推动出台煤电机组容量补偿机制、将跨省跨区专项工程调整为两部制电价，优化峰谷分时电价。深化两级市场建设，完善中长期和现货市场机制，推动零售市场建设。深化电−碳市场协同机制。

全力加强碳管理工作

全面推进办公购电绿电消费，符合条件的公司总部、各分部、省公司本部 2023 年实现百分百绿色办公用电；积极推动生产购电高比例绿电消费，力争 2025 年全部实现生产绿电消费。加强建筑节能提效，推进公务、生产用车清洁替代。推动产业链供应链低碳发展，提升电网绿色建设运维水平。积极参与植树造林和环境保护。健全碳管理体系。

2022 年国家电网有限公司
服务新能源发展大事记

6 月

黑龙江荒沟抽水蓄能电站机组全面投产发电。

3 月

山东沂蒙抽水蓄能电站全面投产发电。

1 月

国家电网经营区分布式光伏装机容量突破1 亿千瓦。

2 月

北京冬奥会全部 39 个冬奥场馆，首次实现百分百绿色电能供应。

4 月

国家电网有限公司发起成立国内首个新型电力系统技术创新联盟。

吉林敦化抽水蓄能电站全面投产发电。

10 月

国家电网经营区
新能源装机容量
突破 6 亿千瓦。

7 月

白鹤滩—江苏 ±800
千伏特高压直流工程
竣工投产。

12 月

成功举办 2022 能源电
力转型国际论坛。

安徽金寨抽水蓄能电站
全面投产发电。

印发《电源接入和电网互
联前期工作管理意见》。

9 月

北京电力交易中心
正式开启绿色电力
证书交易市场。

图书在版编目（CIP）数据

国家电网有限公司服务新能源发展报告 . 2023 / 国家电网有限公司编 . -- 北京：中国电力出版社 , 2023.8

ISBN 978-7-5198-8035-4

Ⅰ . ①国… Ⅱ . ①国… Ⅲ . ①电力工业 - 新能源 - 产业发展 - 研究报告 - 中国 - 2023 Ⅳ . ① F426.61

中国国家版本馆 CIP 数据核字 (2023) 第 143231 号

审 图 号：GS(2023)1576 号

出版发行：中国电力出版社

地　　　址：北京市东城区北京站西街 19 号（邮政编码 100005）

网　　　址：http://www.cepp.sgcc.com.cn

责任编辑：杨敏群　刘红强（010-63412520）

责任校对：黄　蓓　朱丽芳

责任印制：钱兴根

印　　　刷：北京盛通印刷股份有限公司

版　　　次：2023 年 8 月第一版

印　　　次：2023 年 8 月北京第一次印刷

开　　　本：889 毫米 × 1194 毫米 16 开本

印　　　张：5.5

字　　　数：185 千字

定　　　价：100.00 元